Achtsam leben

ROSETTE POLETTI & BARBARA DOBBS

Akzeptieren, was ist

Loslassen und inneren Frieden finden

SCORPIO

Rosette Poletti und Barbara Dobbs haben sich auf die Vermittlung von Gesundheitswissen und Themen der Lebensführung spezialisiert. Die beiden erfolgreichen Autorinnen sind ausgebildet als Krankenschwester und Heilpraktikerin und begleiten Menschen durch Lebenskrisen und Umbruchsituationen.

Die Originalausgabe ist 2005 unter dem Titel
Accepter ce qui est
bei Éditions Jouvence, S.A., Chemin du Guillon 20, Chase 184,
CH-1233 Bernex, erschienen.
www.editions-jouvence.com
info@editions-jouvence.com

FSC www.fsc.org
MIX
Papier aus verantwortungsvollen Quellen
FSC® C084279

7. Auflage

Übersetzung: Claudia Seele-Nyima
Umschlaggestaltung: Hauptmann & Kompanie Werbeagentur, Zürich
Layout und Satz: Veronika Preisler, München
Druck und Bindung: Print Consult, München
ISBN 978-3-95803-007-7

www.scorpio-verlag.de

Inhalt

Vorwort

> Wir alle erschaffen unsere Realität durch die uns eigene Art, wie wir die Ereignisse, Personen und Umstände unseres Lebens betrachten und interpretieren. Jeder kann sich entscheiden, kein Opfer zu sein, die volle Verantwortung für sein Dasein zu übernehmen, ganz gleich, wie seine Lebensumstände sind.
>
> *Pierre Pradervand*

Viele Jahre ist es her, da hatte ich mir ein Trainingsgerät angeschafft, mit dem sich zu Hause die Bewegungen beim Ski-Langlauf simulieren lassen (vergleichbar mit einem Hometrainer). Voller Begeisterung stürzte ich mich ins Training. Wahrscheinlich hatte ich es etwas übertrieben, denn nach etwa zwei Wochen stellten sich starke Schmerzen in der Herzregion ein, und eine tiefe Erschöpfung erfasste mich. Selbst das Aufstehen vom Stuhl strengte mich an! So schleppte ich mich mehrere Tage lang durch die Wohnung.

Doch dann, eines Tages zur Mittagszeit, spürte ich einen Impuls, der aus meinem tiefsten Inneren kam und mich dazu brachte, aufzuspringen und mich aufrecht hinzustellen. Ich breitete meine Arme aus,

die wunderbare Aussicht hinter dem großen Fenster vor Augen, und sagte kräftig und laut »Ja, ja, ja …« *zu allem, was in mein Leben eintrat.*
Nicht nur die Müdigkeit und die Schmerzen verschwanden sofort, sondern ich entdeckte die unglaubliche Kraft des Ja angesichts des Lebens. Es kommt seither oft vor, dass ich die Straße entlanglaufe und bei jedem zweiten Schritt »Ja, ja, ja …« sage – aber natürlich nicht laut! Diese Erfahrung erwies sich als die wichtigste Lehre, die ich in meinem ganzen Leben erhalten habe.
In diesem sehr lesenswerten Buch laden uns Rosette Poletti und Barbara Dobbs, die beiden Expertinnen der Persönlichkeitsentwicklung, dazu ein, grundsätzlich »Ja« zum Leben zu sagen, statt uns dagegen aufzulehnen. Diese positive Einstellung hat bereits das Leben von Millionen Menschen verändert!
Eckhart Tolle sagt in seinem herausragenden Buch *Jetzt! Die Kraft der Gegenwart* etwas Erstaunliches: »Was immer der gegenwärtige Augenblick enthält, *nimm es an, als hättest du es selber so gewählt«* (Hervorhebung von mir). Und in seinem Buch *Eine neue Erde: Bewusstseinssprung anstelle von Selbstzerstörung* macht er sogar diese verblüffende Feststellung: »Eines ist gewiss: Das Leben gibt euch die Erfahrung, die für eure Bewusst-

seinsentwicklung am nützlichsten ist. Und woher wisst ihr, dass es die Erfahrung ist, die ihr braucht? Weil es die Erfahrung ist, die ihr in diesem Moment macht.«

Eine der grundlegendsten Entscheidungen des Lebens ist die, ob wir uns als voll und ganz verantwortlich für unser Leben betrachten oder aber uns als Opfer der Ereignisse sehen wollen. Rosette Poletti und Barbara Dobbs betonen nachdrücklich, dass ein Opfer durch sein Verharren im Klagen, im Selbstmitleid, in der Auflehnung nicht in der Lage ist, das, was ist, zu akzeptieren. Und wie schon so oft festgestellt, sind wir erst an dem Tag erwachsen, an dem wir die Verantwortung für unser Leben vollständig übernehmen … und unseren Eltern verzeihen.

Ein verantwortlicher Mensch, jemand, der das annimmt, was ist, entscheidet sich dafür, das Glas als halb voll zu betrachten. Wer sich dagegen selbst zum Opfer macht, trifft die Wahl, das Glas als halb leer anzusehen.

Es ist eine Entscheidung, liebe Leserin, lieber Leser, die Sie ganz bewusst treffen können, und vielleicht ist es die grundlegendste Entscheidung Ihres Lebens: im Positiven oder im Negativen zu leben, mit dem großen kosmischen Ja zum Leben oder dem Nein, in der Akzeptanz oder in der Ablehnung.

Eine sehr gute Freundin von mir erlebte eine der schwierigsten Ehen, die ich je gesehen habe und die schließlich mit einer Scheidung endete. Sie und ihr Mann hatten einen alten Hof in Frankreich wieder hergerichtet. Rechtlich gesehen stand ihr ein Drittel des Hauswertes zu, doch ihr Mann weigerte sich, ihr auch nur einen Cent zu geben, und wollte ihr noch nicht einmal ein Nutzungsrecht zugestehen. Sie war Italienerin, er Engländer und ihr damaliger Wohnort befand sich im Französischen Jura … das ideale Szenario für ein totales juristisches Wirrwarr! Sie entschied sich, loszulassen und *das, was war, zu akzeptieren*. Sie gab ihrem Exmann die Schlüssel zurück mit ein paar sehr freundlichen Zeilen, in denen sie ihm viel Glück wünschte und ihn in diesem Haus segnete, in das sie so viele Jahre lang ihre Energie investiert hatte.

Wenige Tage später erhielt sie von einem Mann, den sie im Rahmen ihrer karitativen Tätigkeit für eine humanitäre Organisation kennengelernt hatte, für die auch er ehrenamtlich arbeitete, die Schlüssel seines Chalets in einer der schönsten Gegenden der Berner Alpen und außerdem noch die Schlüssel seiner Wohnung, die an einem wunderschönen See mit Blick auf die Berge lag. Dabei wusste er nicht das Geringste von alldem, was mit dem alten Hof zusammenhing. Sie hatte *bereitwillig* eine Bleibe aufgegeben, das Leben gab ihr nun zwei zurück!

Manche meinen, *akzeptieren, was ist*, sei gleichbedeutend mit einer passiven, beinahe fatalistischen Haltung. Doch genau das Gegenteil ist der Fall! Wie die beiden Autorinnen in ihren Berichten und Fallbeispielen sehr klar zum Ausdruck bringen, braucht man unendlich viel mehr innere Kraft, um wirklich anzunehmen, was ist, als dafür, sich aufzulehnen oder in Passivität oder Depression zu versinken.
Das meines Erachtens erstaunlichste Beispiel für Akzeptanz ist das des in Texas zum Tode verurteilten Schwarzen Roger McGowen, mit dem wir seit vielen Jahren korrespondieren und ein Buch herausgebracht haben (McGowen/Pradervand: *Messages de vie du couloir de la mort*; engl. Ausgabe: *Messages of Life from Death Row*). Er stellt fest:

»Wir sind verantwortlich für alles, was in unser Leben eintritt, denn genau das, was wir in unserem Leben akzeptieren, formt unser Leben. Wir selbst entscheiden, ob es aus der Hölle oder dem Himmel kommt.«

Im Februar 2001 schrieb Roger uns, die Vorsehung habe einen *vollkommenen* Plan für sein Leben. In einem anderen Brief fügte er hinzu, der Himmel habe ihn genau an den Ort gestellt, den er brauchte, um seine Aufgabe auf Erden erfüllen zu können! Und wir persönlich kennen wenige Orte auf dieser Erde, die der Hölle näher kommen als der Todestrakt des Staatsgefängnisses Allan B. Polunsky Unit bei Livingston, Texas. 2003 erschien Roger McGowens Buch, das Hunderte Leben auf der ganzen Welt völlig verändert hat. Er ist für viele Menschen – zuallererst für mich – ein Meister des Lebens geworden.

Eines wollen wir jedoch klarstellen: Roger sagt nicht Ja zum Todestrakt, das versteht sich von selbst. Aber er sagt Ja zur Erkenntnis, dass das Leben ihm genau die Lektion erteilen wird, die er lernen muss, vorausgesetzt, er akzeptiert das, was ist. Desgleichen wird auch ein Arbeitsloser nicht Ja zur Arbeitslosigkeit sagen, sondern Ja zu der wichtigen *Lehre*, die das Leben ihm durch diese Erfahrung vermittelt.

Meiner bescheidenen Auffassung nach beruht dieses große kosmische Ja angesichts des Lebens, dieses Annehmen dessen, was ist, auf der Tatsache, dass es ein grundlegendes Prinzip der Harmonie geben muss, das letztendlich in diesem außergewöhnlichen Universum, in dem wir leben, die Strippen zieht. Oft sage ich, dass es mir an Glauben fehlt, um Atheist zu sein. Denn zu glauben, dass dieses erstaunliche Universum – bevölkert von Dutzenden Milliarden Galaxien, die jede für sich Milliarden Sterne enthalten – oder einfach unser Körper mit seinen Milliarden Zellen, die so harmonisch zusammenarbeiten, das Ergebnis eines Zufalls sein soll, übersteigt zumindest mein Vorstellungsvermögen.

Ein Pilger macht sich in aller Frühe auf den Weg. Das Wetter wirkt sehr unbeständig. Als er einem Schäfer begegnet, fragt er ihn, wie das Wetter an dem Tag wohl werden würde. »Es wird so sein, wie ich es mag«, antwortet dieser dem verblüfften Pilger.
»Aber wie können Sie denn sagen, das Wetter wird genau so sein, wie Sie es mögen, wo es doch so unbeständig ist?«, wundert sich der Pilger.
»In dreißig Jahren als Schäfer habe ich gelernt, das Wetter genau so zu mögen, wie es gerade ist.«

Danke an Rosette Poletti und Barbara Dobbs, dass sie uns auf unserem Weg begleiten und uns helfen, genau das Wetter anzunehmen, das sich ergibt. Denn es ist genau das Wetter, das wir brauchen, um zur nächsten Etappe weiterzugehen.

Danke, liebes Leben!
Um zu wachsen, brauche ich den Regen ebenso wie die Sonne!

Pierre Pradervand

Autor von Segnen heilt. Wie dein Segen die Welt verändert und dich selbst

Einleitung

Akzeptanz lässt uns reifen.
Akzeptanz stärkt.
Akzeptanz befreit.

Placide Gaboury

Es war einmal in einem fernen Land ein Vater, der sehr bekümmert war. Er hielt seine letztgeborene Tochter in den Armen. Das Kind hatte seit mehreren Tagen seinen Hunger nicht stillen können und der Vater fürchtete um sein Leben.

Seit Monaten war der Regen ausgeblieben und die Medizinmänner sahen auch für eine weitere lange Zeit nicht die kleinste Wolke voraus. Also versammelte der Vater, der in der Landessprache »Aufrechter Mann« hieß, alle gesunden Männer um sich. Er erinnerte sie daran, dass es im Zentrum des Dorfes einen Baum gab, der das ganze Jahr über Früchte im Überfluss trug. Diese Früchte wurden von niemandem gepflückt, denn seit Urzeiten wusste man, dass einer der beiden großen Äste, die vom Stamm ausgingen, gute Früchte trug, während der andere Ast giftige Früchte hervorbrachte, die todbringend waren. Im Lauf der Jahrhunderte war jedoch in Vergessenheit geraten, welche die gute Seite war.

»Aufrechter Mann« sagte zu den anderen Männern des Dorfes: »Es ist so: Meine Tochter wird sterben und ich kann mich nicht damit abfinden. Also werde ich auf den Baum klettern und von den Früchten essen. Wenn ich auf der richtigen Seite bin, bleibe ich am Leben und sorge dafür, dass das Dorf überlebt, denn jeder kann dann seinen Hunger an den Früchten stillen, mit denen der Baum sich Nacht für Nacht bedeckt. Wenn ich auf der falschen Seite bin, werde ich sterben, und dann wisst ihr, dass ihr die Früchte auf der anderen Seite des Baumes pflücken müsst. Versprecht mir, dass ihr meiner Tochter zu essen gebt, falls ich sterbe.«
So geschah es. »Aufrechter Mann« kletterte auf den Baum, nahm eine Frucht, verspeiste sie und … blieb am Leben! Von diesem Tag an ging es dem Dorf gut. Ein paar Monate später kehrte der Regen zurück und die Felder wurden grün. Alles stand offenbar zum Besten.
Dann aber kamen in einer Vollmondnacht die jungen Männer des Dorfes zusammen. Sie sprachen über den großen Baum und beklagten, dass er zwei Arten von Früchten trug. Sie vermochten nicht zu akzeptieren, dass die Gefahr, die beiden Fruchtsorten zu verwechseln, weiterhin bestand. Also beschlossen sie, den Ast, der die schlechten Früchte trug, abzusägen. Gesagt, getan. Stolz auf ihr Werk, gingen sie schlafen.
Doch am nächsten Morgen war der Schrecken der Dorfbewohner groß: Der ganze Baum war tot, die

guten Früchte lagen zusammen mit den schlechten verstreut auf dem Boden. Die außergewöhnliche Hilfsquelle des Dorfes gab es nicht mehr!
Das war ein schrecklicher Verlust! Betrübt stellten die Dorfältesten fest: »Die jungen Männer haben nicht verstanden, dass es das Gute nicht ohne das Böse gibt, Frieden nicht ohne Krieg, Wahrheit nicht ohne Lüge und Glück nicht ohne Leid. So ist das Leben und die tiefste Weisheit besteht darin, das, was ist, anzunehmen.«
Nach einem Volksmärchen

Seit Urzeiten haben die Menschen Leid erfahren – mitunter so intensiv, dass sie sich den Tod wünschten. Dann wieder waren die äußeren Umstände zwar günstiger, doch das Leid war immer noch vorhanden. Es wurde nicht mehr von äußeren Ursachen hervorgerufen, sondern durch den unsinnigen Wunsch, jemand anders zu sein oder etwas anderes zu haben als das, was man hat.
Die großen Religionen haben versucht, Antworten auf die unzähligen Aspekte der Unzufriedenheit zu finden und zu lehren, oft mit Erfolg. Sei es, dass wir uns in Entsagung üben, unser Karma akzeptieren oder das Paradies erwarten sollen, das uns nach unserem Tod für alles entschädigt, was wir hier auf Erden nicht hatten – die Botschaft hieß:

Dein Leid ist nur vorübergehend, hinterher erwartet dich etwas viel Besseres. Diese Ideologie findet man heute noch vor allem bei religiösen Fanatikern. Die großen politischen Systeme fügten ihre Sichtweise hinzu: »Arbeitet hart, Leute, dann erwartet euch eine leuchtende Zukunft und eure Kinder werden etwas davon haben«, oder, andere Variante: »Werdet die Besten, seid die Gewinner, wer wirklich etwas erreichen will, der schafft es auch!«

Die modernen Gesundheitssysteme haben die Fackel übernommen: »Sie sind traurig, empfinden alles als sinnlos? Wir haben die Lösung für Sie: Eine chemische Arznei wird Ihnen helfen, Sie werden wieder in Topform sein und können einfach weitermachen, ohne sich groß Fragen zu stellen.«

In bestimmten Situationen kann eine Behandlung mit Medikamenten völlig angemessen und sogar notwendig sein. Die Gefahr besteht jedoch darin, dass man der Illusion erliegt, man könne jegliches menschliche Leid auf die gleiche Weise heilen wie eine Infektion: indem man das richtige Antibiotikum gibt.

Dem Leid entkommen bedeutet zuallererst, dass man es annimmt – dass man akzeptiert, was ist. *Von der Geburt bis zum Tod bringt das Leben uns nicht unbedingt immer das, was wir wollen. Ist es dann das Leben, das wir ändern müssen? Oder liegt es bei jedem von uns, das zu akzeptieren, was ist, damit wir weitergehen können?* Annehmen, was ist – das ist kein endgültiges Vorhaben. Es bedeutet nicht, »fatalistisch zu sein«.

> **Anzuerkennen, was ist,**
> **nur für den Augenblick,**
> **ist der einzige Weg, wie wir das,**
> **was ist, eventuell ändern oder**
> **verwandeln können.**

Wenn ein Mensch, eine Gruppe, ein Volk die Fähigkeit entwickelt, die Aussage »Was geschehen ist, ist geschehen« wirklich zu akzeptieren, dann legt sich der Zorn, kommt die Auflehnung zur Ruhe und die Kreativität kann sich erneut daranmachen, Wege, Strategien, Lösungen zu finden.
All das erscheint auf den ersten Blick leicht. Warum ist es dann so schwierig in die Tat umzusetzen? Wie können wir unsere Fähigkeit des positiven Annehmens entwickeln?
Über all dies nachzudenken, dazu möchte Sie das kleine Buch, das Sie in den Händen halten, einladen.

1

Warum fällt es uns so schwer, die Realität zu akzeptieren – das, was ist?

Warum ist das so? Weil wir sehr oft gelernt haben, dass es nur eine richtige Art gibt, die Dinge zu tun, zu leben, der eigenen Wahrheit Ausdruck zu verleihen. Weil wir nicht gelernt haben, zu sehen, was ist, sondern eher das, was wir unserer Meinung nach glauben müssen.

Die fünf Freiheiten

In den Siebzigerjahren hat Virginia Satir, eine bekannte Psychotherapeutin und Pionierin der Familientherapie, diese Situation meisterhaft zusammengefasst, indem sie fünf Freiheiten postulierte, die jeder Mensch auf sich anwenden lernen sollte, um ein erfülltes Leben zu führen.

• *Die erste dieser Freiheiten besteht darin,* »zu sehen und zu hören, was im Moment wirklich da ist, anstatt das, was sein sollte, gewesen ist oder erst sein wird«.
Annehmen, was ist – das bedeutet, dass wir fähig sind, zeitweilig alles, was man uns über diese Realität gesagt hat, außer Acht zu lassen, mit der Realität in Kontakt zu treten und dabei so wenig Filter und geistige Programmierungen wie möglich aktiv sein zu lassen. Scheinbar ist es so einfach, das, was ist, zu sehen und zu hören, doch kommt uns unsere Interpretation in die Quere: Wir sehen das, was wir meinen, sehen zu müssen; wir hören das, was wir meinen, hören zu müssen.

Eine Mutter, deren 22-jähriger Sohn unter schweren psychischen Problemen litt, hatte vier Jahre lang dabei zugesehen, wie ihr Sohn sein Studium aufgab, seine Freundin verließ, tagsüber stundenlang schlief, sich in sich selbst zurückzog und schließlich sein Zimmer überhaupt nicht mehr verließ, bevor sie Hilfe für den jungen Mann suchte.
Wenn ihre Freundinnen oder Familienmitglieder sich Sorgen um das Schicksal des jungen Mannes machten, hob die Mutter immer hervor, wie erschöpft er gewesen war, als er sich auf das Abitur

vorbereiten musste; es sei ganz normal, dass er sich nun ausruhen wolle und sich ein bisschen Zeit nähme, um über seine Zukunft zu entscheiden.
Diese Frau wollte die Realität nicht wahrhaben, also war sie nicht imstande, die Bemerkungen ihrer Angehörigen und Freunde wirklich zu hören. Sie betrachtete ihren Sohn als einen von zu viel Lernen erschöpften Schüler, weil ihr dieses Bild gut gefiel. Entsprechend war sie überhaupt nicht offen für die Beobachtungen ihrer Umgebung – im Gegenteil, sie erschienen ihr als geradezu böswillige Kommentare.

Sehen und hören, was ist! »Ich bin kein Alkoholiker! Ich trinke abends nach der Arbeit ein Gläschen, um mich zu entspannen«, erklärt der Familienvater, der sich in zwei Tagen eine ganze Flasche Whisky einverleibt. Es ist keine Lösung möglich, wenn man das, was ist, nicht anerkennen kann; wenn man nicht zulässt, dass man das, was ist, sieht und hört.

• *Die zweite Freiheit besteht darin,* »das auszusprechen, was ich wirklich fühle und denke, und nicht das, was von mir erwartet wird«.
So viele Menschen verfügen nicht über diese persönliche Freiheit. Dementsprechend ist das, was sie

sagen, nicht das, was ist; es entspricht nicht ihren wahren Gefühlen und Gedanken, sondern dem, was sie aufgrund ihrer geistigen Programmierungen meinen, fühlen und denken zu müssen, weil sie es für angemessen halten.

So viele Existenzen sind verpfuscht, weil Männer und Frauen jeden Alters und jeglicher Lebensumstände nicht frei sind, zu sagen, was sie fühlen und denken! Sei es in der Familie, in der Beziehung, im Berufsleben oder in Freundschaften: So viele Menschen haben gelernt, nur das zu sagen, was ihrer Auffassung nach der Situation angemessen ist und den Personen zusagt, mit denen sie zu tun haben.

Es beginnt bei der Erziehung, wenn die Eltern weder zuhören noch ein offenes Gespräch führen können oder in Zorn geraten, sobald das Kind ehrlich sagt, was es denkt oder empfindet, statt dass sie die Aussage des Kindes anhören, sie in sich aufnehmen und es lehren, sich freundlich und wohlwollend auszudrücken. Dieses Muster setzt sich dann im familiären und gesellschaftlichen Leben fort, insbesondere in Partnerschaften, in denen einer der Partner die Macht ergreift und den anderen dazu »verpflichtet«, all seine Äußerungen im Sinne des dominanten Partners zu filtern und häufig etwas anderes zu sagen, als er denkt und empfindet.

»Wie ist denn das Wetter?«
»So, wie der Herr es gerne hätte.«
Diese Situation kommt sehr viel häufiger vor, als man denkt.

● *Die dritte Freiheit besteht darin,* zu seinen Gefühlen zu stehen und nicht etwas anderes vorzutäuschen. Wenn zum Beispiel in einer Partnerschaft die Liebe geschwunden ist, wenn einer der Partner den anderen nicht mehr liebt, dann kommt es vor, dass er sich selbst einredet, er *müsse* Liebe empfinden, und dass er nicht zulässt, mit seinen wirklichen Gefühlen in Verbindung zu sein. Daraus entsteht eine verfälschte Art von Beziehung und Kommunikation, die ihn daran hindert, das zu sehen, was ist, und es vielleicht anzunehmen, um daraus etwas anderes aufbauen zu können.

● *Die vierte Freiheit ist die,* klar um das zu bitten, was wir brauchen, anstatt darauf zu warten, dass uns von außen die Möglichkeit bzw. die Erlaubnis dazu gegeben wird.
Zahllose Menschen leben aufgrund ihrer Erziehung und ihrer Überzeugungen in einer leidvollen Illusion, die sie fälschlicherweise für die Realität halten. Sie haben nicht das, was sie gerne hätten, sie leben ein reduziertes Leben, weil sie sich

selbst verbieten, ihre Bedürfnisse und Wünsche mitzuteilen.

- *Die fünfte Freiheit besteht darin,* in eigener Verantwortung Risiken einzugehen, anstatt immer nur auf »Nummer sicher zu gehen« und nichts Neues zu wagen.

Je nach unseren Fähigkeiten, die Realität zu sehen und sie zu akzeptieren, gestehen wir uns entweder das Recht zu, etwas zu unternehmen, zu handeln, kalkulierte Risiken einzugehen, oder aber wir führen ein eingeschränktes Leben, aus dem jegliches Wünschen und Streben eliminiert wurde.
Dementsprechend versetzt uns die Fähigkeit, wirklich im Kontakt mit der Wirklichkeit zu sein und im gegenwärtigen Moment zu leben, in die Lage, nach und nach zu akzeptieren, was ist, um dann über unseren weiteren Weg zu entscheiden.

Sich die oben erläuterten fünf Freiheiten vorzuenthalten heißt, in einer leidvollen Welt der Illusion leben, sich in einer Reihe von falschen Mythen oder Glaubenssätzen eingesperrt fühlen, die so verbreitet sind, dass man sie für wahr hält; es heißt, hohe Erwartungen an das Alltagsleben, an die anderen und sich selbst zu haben, die in den meisten Fällen enttäuscht werden.

»Wir wollen stets etwas anderes als das, was ist. Wir beharren darauf, zu glauben, der Sinn des Lebens, ebenso wie das Glück, sei woanders, läge in etwas verborgen, das uns fehlt und nach dem wir blindlings suchen. Deswegen erscheint alles als unsinnig … Der Sinn liegt jedoch in der aktuellen Situation, die wir zurückweisen, ablehnen und vor der wir fliehen.«

Placide Gaboury

2

Eine große Hürde: Falsche Glaubenssätze

In dem Moment, in dem ein Kind zum ersten Mal seine Augen öffnet und in die Welt blickt, beginnt seine Konditionierung. Es tritt in Kontakt mit einer Realität: mit seiner Umgebung; mit seinen wichtigsten Bezugspersonen, der Familie (oder den Menschen, die an die Stelle der Familie getreten sind); mit Klängen, Gerüchen, Farben, Gefühlen.
Sobald es Worte versteht, prägt es sich Anweisungen ein: »Tu das nicht!«, »Achtung, du fällst gleich hin!«, »Gut, weiter so!«, »Das ist böse, das ist lieb.«
Allmählich strukturiert sich seine Welt in Gut und Böse, Richtig und Falsch, wichtige Werte und solche, die man nicht haben soll, was wünschens- und erstrebenswert ist und was nicht: All das setzt sich in seinem Gehirn fest.
»Die Wirklichkeit« wird ihm von den Menschen in seiner Umgebung kommuniziert – stets gefiltert

durch deren Wahrnehmung und Interpretation. Mitunter erkennt das Kind, dass etwas nicht in Ordnung ist, denn was es sieht, hört oder empfindet, stimmt eigentlich nicht mit dem überein, was ihm beschrieben wird. Doch die meiste Zeit akzeptiert es die Interpretation, die ihm vermittelt wird, und wagt nicht, seine eigene Ansicht kundzutun – dass nämlich »der Kaiser nackt ist«.

Es wächst heran und erwartet – auch als Erwachsener –, dass die Wirklichkeit, der es sich gegenübersieht, mit der Wirklichkeit übereinstimmt, die ihm beschrieben wurde. Wenn diese Person dann merkt, dass dem nicht so ist, hadert sie vielleicht mit dem Leben, mit anderen, mit sich selbst und bisweilen mit Gott, weil ihr etwas anderes »gegeben« wurde als das, was sie erwartet.

Warten auf den Märchenprinzen

Manche Irrtümer, die von Generation zu Generation weitergegeben werden, sind weitverbreitet. Dazu gehört beispielsweise der Glaube an den Märchenprinzen.

Eine Leserin der Zeitschrift, in der wir wöchentlich eine psychologische Kolumne veröffentlichen, schrieb uns kürzlich:

»Ich bin 37 Jahre alt und verzweifelt. Ich will heiraten und Kinder haben, mir bleibt nicht mehr viel Zeit dazu. Leider habe ich noch keinen Mann gefunden, der mich glücklich machen könnte und ein guter Vater für meine Kinder wäre. Ich hatte ein paar flüchtige Abenteuer, aber die Männer, die ich traf, konnten mir nicht die Seriosität garantieren, die ich mir wünschte ...«

Der Brief ging noch weiter und bat um Ratschläge zur Lösung des Problems. Auffällig an diesem Schreiben ist zunächst die irrtümliche Annahme – der falsche Glaubenssatz –, dass jemand von außen uns glücklich machen könne, dass der Märchenprinz irgendwo existiere und eines Tages auf seinem weißen Pferd angeritten käme. Also vergeht die Zeit und eines Tages, wenn es zu spät ist, erwacht die »Prinzessin« aus ihrem »Dornröschenschlaf« und erkennt, dass es den Märchenprinzen nicht gibt, ebenso wenig wie den Weihnachtsmann, und dass es an ihr ist, sich auf die Suche zu machen nach einem unvollkommenen Menschen.

Es gibt auch Männer, die auf die »Märchenprinzessin« warten. Sie sind allerdings nicht ganz so häufig, weil sie in unserer Kultur gelernt haben, dass es ihre Aufgabe ist, den ersten Schritt zu tun.

»Auf den Märchenprinzen warten« ist eine Metapher, die nicht nur auf die Partnersuche zutrifft. So viele Menschen warten; sie sehen die Wirklichkeit nicht, leben nicht in ihr und können sie somit auch nicht akzeptieren. Ihr »Märchenprinz« ist der Lottoschein, den sie jede Woche kaufen und der ihr Leben verändern soll; es ist die außergewöhnliche zukünftige Karriere ihrer Kinder, die jegliches Scheitern der Eltern vergelten wird; es ist Gott, die Jungfrau Maria oder es sind die Heiligen, die sie wie von Zauberhand von ihrem Unbehagen befreien werden; es ist diese kosmetische Behandlung oder Schönheitsoperation, die sie attraktiv und begehrenswert machen wird – und die all ihre Ersparnisse kostet!

Der falsche Glaubenssatz, den man als »Mythos vom Märchenprinzen« betiteln könnte, verursacht unzählige Schwierigkeiten: Er verhindert den Kontakt mit der Realität und verringert dadurch die Möglichkeit, Lösungen für die Probleme des Lebens zu finden.

Diesen Mythos aufzugeben bedeutet, sich selbst die innere Erlaubnis zu erteilen, den Dingen ins Gesicht zu sehen:

»Ich bin 37 Jahre alt und habe meinen tiefen Wunsch noch nicht verwirklicht. Was kann ich in mir und um mich herum ändern, um mein Ziel zu erreichen oder um es abzuwandeln?«

»Mein Einkommen reicht nicht aus. Wie kann ich meine Kenntnisse, meine beruflichen Kompetenzen verbessern; wie kann ich meine Ausgaben meinem Budget anpassen?«

Oder auch:

»Ich sehe nicht aus wie die Models, deren Fotos überall in der Presse bis zum Gehtnichtmehr gezeigt werden. Es ist eine Tatsache. Wie kann ich mich dem stellen? Kann ich meinen Körper und mein Gesicht annehmen und trotzdem gut leben?«

Solange wir das, was ist, nicht akzeptieren, ist keine Veränderung möglich. Darin liegt die Krux eines jeden Vorhabens zur Weiterentwicklung. Den Begründern des Ansatzes der Anonymen Alkoholiker war das sehr wohl bewusst: Sie integrierten als erste Etappe ihres Ansatzes das Anerkennen der Realität, das Annehmen dessen, was ist. Jedes neue Mitglied präsentiert sich den anderen mit seinem Namen, gefolgt von den Worten: »Ich bin Alkoholiker.«

Solange der oder die Betreffende nicht akzeptieren kann, was ist, und die Situation herunterspielt –

»Ein Glas hin und wieder hat noch niemandem geschadet!« –, ist keine Veränderung möglich. Es gibt so viele falsche Glaubenssätze, so viele Mythen, an denen wir festhalten und die uns daran hindern, gut zu leben. So zum Beispiel die Vorstellung, Menschen, die in der Hierarchie der Zivilgesellschaft oder im religiösen Leben eine höhere Position innehaben, seien anders als Normalsterbliche und müssten ein untadeliges Verhalten an den Tag legen; und wenn sie sich nicht daran halten, kann das nur heißen, dass die Welt der Politik verdorben ist und die Religion eine Farce.

Auf diesem Gebiet zu akzeptieren, was ist, setzt voraus, dass man erwachsen und realistisch wird. Ein Mensch bleibt ein Mensch, ob er Papst ist oder der Präsident eines mächtigen Landes. Er wird nach wie vor von seinem Charakter und seinen inneren Schwächen in Versuchung gebracht – und manchmal auch blockiert.

»Meine Eltern haben mir nicht gegeben, was ich brauchte«

Ein weiterer verheerender Mythos ist der Glaube, nach dem »meine Eltern mir das hätten geben sollen, was Eltern geben müssen«: Liebe, Stabilität, Normen, Werte, Ausbildung und vieles mehr.

Da dies »meiner Meinung nach« nicht so war, habe ich folglich »das Recht«, die Opferrolle einzunehmen, ihnen auf ewig böse zu sein und mich nicht wie ein verantwortungsbewusster Mensch zu verhalten.
Anzuerkennen, was ist, heißt, ich berücksichtige, was meine Eltern ihrerseits erhalten haben und was auch ihnen vorenthalten wurde; ebenso bedeutet es, darauf aufmerksam zu machen, was sie mir gegeben haben, und vielleicht auch darauf, was sie mir durch den Mangel, den ich spüre, zu überwinden ermöglicht haben.
Dieser verhängnisvolle Mythos ähnelt sehr demjenigen, der darin besteht, dass ich weder Leid noch Frustration akzeptiere, mit der Scheinbegründung, dass ich glücklich sein muss, dass mir nichts Schlimmes zustoßen darf!

Die fünf inneren Antreiber

Alle großen psychologischen Theorien haben versucht, falsche Glaubenssätze zu identifizieren und zu benennen, die die Menschen daran hindern, die Realität zu sehen und sie so anzunehmen, wie sie ist.
Eric Berne, der Begründer der Transaktionsanalyse, stellt fünf falsche Glaubenssätze heraus, die

sogenannten »fünf (inneren) Antreiber«, die wie Zerrspiegel der Realität wirken und Illusionen, Desillusionierung und Leid erzeugen.

- *»Mache es* anderen *stets recht und versuche ihnen zu gefallen, unabhängig von deinen eigenen Gefühlen.«*

Auf der Basis dieses Glaubenssatzes meinen viele Menschen, vor allem Frauen, wenn sie nur »allen alles sind« und dabei ihre eigenen Bedürfnisse und Empfindungen ignorieren, würden sie geliebt und seien beliebt.
Mit diesem Glaubenssatz zu leben bedeutet, die Realität zu leugnen und insbesondere egozentrische Menschen anzuziehen, die bedient und bemuttert werden wollen, ihrerseits aber nicht bereit sind, etwas zu geben.
Dagegen bedeutet die Realität anerkennen, akzeptieren, was ist, dass uns bewusst ist, dass jeder die Verantwortung für sein Leben übernehmen soll, dass alle Menschen Bedürfnisse, Gefühle, Wünsche haben und nicht nur das Recht, sondern sogar die »Pflicht« haben, sie zu berücksichtigen. Wir können uns durchaus bewusst dafür entscheiden, sie manchmal, in bestimmten Lebensperioden, zu ignorieren, wie zum Beispiel eine Mutter, die zeitweise ihr Schlafbedürfnis ignoriert, um ihr krankes

Kind zu versorgen. Dagegen ist die Neigung, sich generell zum Opfer der Umstände zu machen und die eigenen Bedürfnisse nicht zu beachten, ein Mittel, der Realität – dem, was ist – zu entfliehen.

- *»Sei perfekt um jeden Preis, alles, was du tust, muss stets vollkommen sein. Man darf sich keine Fehler erlauben, muss stets all seine Verpflichtungen erfüllen, was es auch koste, muss Termine einhalten und mehr mit weniger schaffen.«*

Auch diese falschen Glaubenssätze führen dazu, dass wir in einer Illusion leben, uns eine irreale Welt erschaffen und Stressreaktionen bei uns hervorrufen, die zu hohem Blutdruck, Migräne und Magengeschwüren führen können, ganz zu schweigen von zwischenmenschlichen Problemen.

Dadurch, dass wir annehmen, was ist, geben wir zu: »Menschlich sein« heißt fehlbar sein, nur begrenzt Zeit und Kraft zu haben. Wir wagen es, zu sagen: »Ich schaffe es nicht!« Oder auch: »Ich habe mich geirrt!« Wir akzeptieren dann, dass »mehr mit weniger schaffen« auch voraussetzt, es »anders zu machen«.

Akzeptieren, was ist, im Kontakt mit der Wirklichkeit sein und nicht mit der Illusion, heißt, dass wir uns endlich in einen Zustand versetzen, der es uns ermöglicht, neue Lösungen zu finden.

Eines Tages wurde eine von uns in ein Altenpflegeheim gerufen, um das Pflegepersonal zu unterstützen, und sah sich einer gestressten, frustrierten Gruppe gegenüber, die um 15 Prozent verkleinert worden war und nun Aufgaben ausführen sollte, die früher auf viel mehr Mitarbeiter aufgeteilt worden waren:
»Wie sollen wir das denn machen? Wir haben zu viel zu tun. So können wir die Bewohner nicht mehr gut pflegen. Es ist unmöglich!«
Alle trauerten dem nach, was »vorher« gewesen war, und machten sich Sorgen um das »Nachher«. Einige Stunden gemeinsamer Arbeit, um gezielt die Gegenwart – »das, was ist« – zu betrachten, ermöglichten es schließlich, die Veränderungen besser zu bewältigen.
Das, was ist: 15 Prozent Verringerung des Personals, das bedeutet X Arbeitsstunden weniger. Was kann man also ändern, weglassen, anders machen?

In der Vergangenheit leben, ihr hinterhertrauern, sich auflehnen, weil sie nicht mehr besteht, ist ein fruchtloses Vorgehen. *Die Lösung liegt niemals in der Vergangenheit.* Sie steht immer in Beziehung mit der Gegenwart, mit dem, was ist.

• *»Sei immer stark, zeige niemals deine Schwächen, bitte andere um nichts und schlage dich allein durch.«*

Auch wer dieser Illusion anhängt, lebt außerhalb der Realität, vermeidet es, das zu akzeptieren, was ist.

Menschen sind voneinander abhängig, sie sind aufeinander angewiesen: »Niemand ist eine Insel«, schrieb der englische Dichter John Donne.

Stark sein bedeutet, sich so anzunehmen, wie man ist, mit allen Stärken und Schwächen, allen Kenntnissen und all seinem Unvermögen. Es kann sein, dass die Umstände in der Kindheit schwierig waren und dass es nicht möglich war, sich darauf zu verlassen, dass die Eltern sich angemessen verhielten. Doch als Erwachsene können wir uns entscheiden. Wir können lernen, um Hilfe zu bitten, können akzeptieren und zulassen, dass die anderen ebenfalls ihren Teil erfüllen. Wir können lernen, das, was eher unseren falschen Vorstellungen darüber entspricht, wie die Dinge sein sollten, zu erkennen und zu akzeptieren.

• *»Beeile dich stets, verliere keine Zeit; du bist schließlich nicht zu deinem Vergnügen hier.«*

Welch ein unnötiger Stress für diejenigen, die diese falsche Überzeugung entwickelt haben! In Wirk-

lichkeit gibt es sehr wenige Situationen, in denen es wirklich notwendig ist, angespannt und auf die Uhr fixiert zu sein. Es ist fast immer möglich, so zu organisieren und zu planen, dass man seine Ziele erreicht und dabei entspannt bleibt.
Das annehmen, was ist, bedeutet auch zu akzeptieren, dass der Tag nur 24 Stunden hat und dass unser Lebensrhythmus nichts dadurch gewinnt, dass er aus dem Takt gerät.

● *»Um ein anständiges Leben zu führen, musst du dich immer maximal anstrengen.«*

Das ist die letzte der falschen Grundannahmen, die Eric Berne identifiziert hat. Menschen mit dieser Grundannahme engagieren sich viel mehr als nötig. Sie können das, was ist, nicht sehen und akzeptieren. Stattdessen malen sie sich eine fiktive Welt aus, die sie mit ihren Anstrengungen erschaffen.
Indem wir akzeptieren, dass wir sehen und hören, was ist, und indem wir die Realität anerkennen, können wir das Ergebnis unserer Bemühungen und die Art und Weise, wie wir unsere Strategien ändern sollten, objektiv einschätzen.

Einem Bauernpaar, Eltern von zwei Kleinkindern, gelang es nicht, finanziell über die Runden zu kommen. Das Stück Land, das sie bebauten, war zu klein, um rentabel zu sein. Sie arbeiteten 14 bis 16 Stunden am Tag, setzten sich mit voller Kraft ein und erzielten doch nicht die erhofften Ergebnisse.

Freunde, Sachverständige der Bauerngewerkschaft und Familienmitglieder hatten versucht, ihnen aufzuzeigen, dass ihr Betrieb so nicht wirtschaftlich sei. Ohne Erfolg! »Wir müssen nur mehr Hühner anschaffen und die Eier verkaufen«, hieß es stattdessen – was jedoch nur noch mehr Arbeitsstunden bedeutete.

Kurz nach dieser Entscheidung erlitt der Familienvater einen Herzanfall. Glücklicherweise konnte er reanimiert, operiert und geheilt werden. Und während seiner Genesung und seiner Reha-Kur konnte der Bauer endlich der Realität ins Gesicht sehen und das, was war, annehmen. Und dadurch fand er neue Lösungen.

Heute hat er eine Arbeit als Straßenarbeiter, die ihm gefällt. Seine Frau kümmert sich um die Kinder und hat einen recht großen Hühnerstall behalten; die Eier kann sie in den benachbarten Geschäften und umliegenden Dörfern verkaufen. Das Land wurde verkauft und der Familie geht es besser als je zuvor: mit einem angemessenen Einkommen, Freizeit und der Möglichkeit, die Kinder heranwachsen zu sehen.

Anerkennen, dass es ist, wie es ist, falsche Glaubenssätze und unnütze Mythen loslassen – darin liegt die größte Herausforderung des Lebens!

3

Was uns noch daran hindert zu akzeptieren, was ist

Nichts vermag das Leid, das Übel, die Qualen, die Zerstörung und den Hunger in der Welt wegzuerklären … Sie können es tapfer mit Ihren religiösen Formeln und anderen Lehren versuchen – es wird Ihnen nicht gelingen! Denn das Leben ist ein Geheimnis … Sie müssen erst wach werden, dann erkennen Sie plötzlich, dass Sie selbst das Problem sind, nicht die Realität.

Anthony de Mello

Vergleiche

All diejenigen, die nicht im gegenwärtigen Moment leben und das, was ist, nicht akzeptieren, haben unter anderem folgende Gewohnheit: ständig

Dinge und Situationen miteinander sowie sich selbst mit anderen zu vergleichen.
Um sich davon zu überzeugen, genügt es, einmal eine Mahlzeit oder ein Getränk auf der Terrasse eines Lokals einzunehmen, das auch von Touristen besucht wird. Die Bemerkungen beziehen sich selten auf die schöne Landschaft oder auf das große Privileg, Urlaub machen zu können. Nein, es sind häufig Vergleiche wie:
»Der Kaffee ist hier aber teuer, letztes Jahr in Italien haben wir nur … bezahlt!«
»Wenn ich daran denke, dass ich nach Tunesien hätte fahren können! Da scheint wenigstens die Sonne, hier ist das Wetter ja miserabel.«
»Ich glaube, ich bin gleichmäßiger braun geworden als die Frau da drüben, findest du nicht?«
John Lennon hat einmal geschrieben:

»Das Leben ist das, was an uns vorbeizieht, während wir anderweitig beschäftigt sind.«

Wenn wir Vergleiche ziehen und eher in der Vergangenheit oder in der Zukunft leben als in der Gegenwart, hindert uns das daran, anzunehmen, was gerade ist; das zu leben, was sich ergibt, und gegebenenfalls Strategien oder Lösungen zur Veränderung der aktuellen Situation zu finden.
Vor einiger Zeit entdeckten wir in einem Buchladen, der aufgelöst wurde, ein kleines Werk aus dem 19. Jahrhundert mit dem Titel: »Bericht von Marc Séchaud, ehemaliger Zwangsarbeiter in Sibirien«.
Auf 48 Seiten wird eine ungeheuerliche Geschichte erzählt: die eines jungen Schweizers, geboren 1853. Seine Mutter, eine Witwe, arbeitete als Hauswirtschafterin irgendwo in Russland und hatte ihm, als er volljährig wurde, einen Brief geschrieben, in dem sie ihm vorschlug, ebenfalls in dieses Land zu kommen, wo ihn eine gute Anstellung erwarte. Marc Séchaud machte sich auf die Reise – und wurde unterwegs unglücklicherweise infolge einer Reihe von unglaublichen Verwechslungen für jemand anders gehalten und als Zwangsarbeiter in die sibirischen Minen geschickt. Dort blieb er viele Jahre, überlebte Schläge, Unterernährung, Arbeitsunfälle. Am Ende gelang es ihm, mit einem Leidensgenossen zu fliehen und in sein Heimatdorf in der Schweiz zurückzukehren.

Das Frappierende an seinem Bericht ist vor allem die Fähigkeit dieses Mannes, zu akzeptieren, was ist. Während seine Gefährten nur an die vergangenen schönen Tage denken, weinen, sich auflehnen und etliche von ihnen durch die Misshandlungen der Wächter ums Leben kommen, versucht Marc Séchaud, so gut wie möglich von einem Augenblick zum nächsten zu leben.
Selbstverständlich heißt das nicht, dass er irgendetwas Gutes an seiner Situation findet, doch sie ist das, was er in eben diesem Augenblick zu leben hat. Es gilt, in diesem Moment alles zu nutzen, was seinem Überleben förderlich ist, genau hier und jetzt.
Akzeptieren heißt nicht »lieben, was ist« oder »sich fügen«. Es bedeutet einfach, sich klarzumachen, dass es für den Augenblick keine andere Realität gibt, und je mehr man mit ihr in Kontakt ist, umso besser kann man Mittel und Wege finden, sie zu leben und zu »nutzen«.

Die Geschichte von Roger McGowen

Was Marc Séchaud, der Zwangsarbeiter in Russland, erlebt hat, ähnelt der Geschichte von Roger McGowen, die Pierre Pradervand bereits im Vorwort angesprochen hat.

Roger McGowen kam 1963 im Schwarzen-Getto von Houston, Texas, zur Welt. Mit Anfang zwanzig wurde er verhaftet und angeklagt, weil er sein Auto an seinen Bruder und seinen Cousin verliehen hatte, die es benutzten, um eine Bar zu überfallen, wobei sie unbeabsichtigt die Inhaberin töteten. Zeugen hatten das Kennzeichen auf dem Nummernschild erkannt. Der Staatsanwalt versprach einem Gefangenen, der Roger kannte, die Freiheit, wenn er eine falsche Zeugenaussage gegen ihn machte.

Rogers Pflichtverteidiger war ein notorischer Alkoholiker, der seinen Mandanten vor dem Prozess nicht ein einziges Mal besuchte und während der Anhörungen schlief. So kam es, dass Roger McGowen seit 1987 im Gefängnis ein elendes Leben fristete und auf seine Hinrichtung wartete. (2012 wurde er aus dem Todestrakt entlassen und hofft auf einen neuen Prozess.) Dadurch, dass er akzeptiert hat, was ist, und aufgrund seiner spirituellen Entwicklung ist er heute ein Meister, der zahlreiche Menschen für sich einnimmt und ihnen eine moralische Stütze ist.

Über das Akzeptieren dessen, was ist, schreibt er in seinem Buch *Messages of Life from Death Row*:

»In vielen Nächten bleibe ich wach und denke an das, was hätte sein können, aber nicht gewesen ist. Ich weiß

wohl, dass das Leben seine Höhen und Tiefen hat; mir ist auch durchaus klar, dass wir nicht alle groß sein können, aber wir können dennoch alle danach streben. So vieles hätte sein können oder sein sollen, doch ›hätte sein können‹ und ›hätte sein sollen‹ können jetzt nicht mehr berücksichtigt werden.
Wir sollten uns vornehmen, *mit dem, was ist,* unser Bestes zu tun. Das ist der Mut, weiter zu träumen, weiter zu hoffen und weiter voranzugehen, wenn alles sehr weit weg erscheint. Es liegt in der Natur des Lebens, dass es weitherhin stetig wächst, während alles andere zu sterben scheint.«

Neid

Neid ist eine weitere Hürde, die verhindert, dass wir akzeptieren, was ist, Tag für Tag. Manche Menschen interpretieren ihre eigene Wirklichkeit so, als gebe sie weniger Anlass zu Freude oder Wohlbefinden als die Realität der anderen, ihrer Angehörigen, Freunde, Kollegen, Nachbarn. Sie werten ihre eigene Situation ab und sehnen sich nach dem, was andere haben.

Vor vielen Jahren kümmerten wir uns im Rahmen unserer Arbeit in einer psychiatrischen Klinik in

den USA einmal um eine junge Frau, 20 Jahre alt, die bereits mehrere Suizidversuche unternommen hatte.
Seit sie sechs oder sieben Jahre alt war, beneidete sie krankhaft ihre Zwillingsschwester, die ihrer Meinung nach sehr schön war, während sie sich selbst ausgesprochen hässlich fand. Gefangen in dieser Überzeugung, war sie außerstande, ihr Bild im Spiegel zu ertragen, und hatte mehrmals auf unterschiedliche Weise versucht, sich das Leben zu nehmen.
Verschiedene Psychotherapeuten hatten sich schon bemüht, dieser jungen Frau zu helfen, und waren mit ihrem Latein am Ende. Sie sei zu hässlich, sagte die Patientin, um sich erlauben zu können, dass sie lebte, wo doch ihre Schwester so schön war.
Alle, die sich um sie kümmerten und die an Besuchstagen auch ihre Zwillingsschwester sahen, waren verblüfft darüber, wie frappierend ähnlich sich die beiden sahen, was bei eineiigen Zwillingen häufig vorkommt. Es hatte einfach eine von beiden aus unerfindlichen Gründen beschlossen, dass ihre Schwester schön war und sie selbst hässlich. Das hinderte sie vollkommen daran, zu sehen und zu akzeptieren, was war. Stattdessen bildete ihre Interpretation der Realität, ihre falschen Glaubenssätze ihre Wirklichkeit.

Eifersucht

Wie der Neid, so hindert auch Eifersucht uns daran, zu sehen, was ist. Heißt es nicht, jemand sei »blind vor Eifersucht«?

Wir erhalten häufig Briefe über Beziehungsprobleme von unglücklichen Lesern. Eifersucht spielt darin oft eine Rolle, insbesondere bei Untreue und Seitensprüngen. Diese Eifersucht beraubt uns der Möglichkeit, zu sehen, was ist, und dies auch zu akzeptieren. Hier zwei Beispiele:

Jeanette hat 30 Jahre lang mit ihrem Mann zusammengelebt. Sie haben gemeinsam zwei Kinder großgezogen, die inzwischen ihr eigenes Leben führen. Die Eltern sind allein zurückgeblieben. Eines Tages entdeckt Jeanette mit Bestürzung, dass ihr Mann sie betrügt. Sie reagiert mit Streit, Schreien, Weinen, Drohen – nichts hilft. Monsieur ist leidenschaftlich entflammt für eine junge Frau im Alter seiner Tochter. Er beschließt, seine Ehefrau zu verlassen und die Scheidung einzureichen.

Jeanette kann es nicht fassen, ist nicht imstande, diese Realität zu akzeptieren. In ihrer Wut hinterlässt sie extrem beleidigende Kommentare auf dem

Anrufbeantworter derjenigen, »die ihr den Mann gestohlen hat«. Sie kapselt sich ab, wird depressiv, kommt in eine psychiatrische Klinik, möchte das gemeinsame Eheleben wieder aufnehmen, was ihr Exmann jedoch nicht will. Sie ist nach wie vor unfähig anzunehmen, was ist!
Heute führt sie mithilfe von Antidepressiva ein leidvolles Leben: »Ich kann einfach nicht akzeptieren, was geschehen ist!«, wiederholt sie gebetsmühlenartig.
Ihre Töchter sind diese Einstellung mittlerweile leid und haben sich von dieser *Mater dolorosa* distanziert.
Nicht die geringsten Zukunftspläne, keinerlei Vorstellung davon, wie es weitergehen soll! Der Lebensweg von Jeanette hörte an dem Tag auf, an dem sie die Untreue ihres Mannes entdeckte. Sie war und ist immer noch nicht in der Lage, die Realität, so wie sie ist, anzuerkennen.

Im Gegensatz zu Jeanette akzeptiert Hanna das, was ist. Auch sie wurde von ihrem Mann verlassen – vielleicht zum Teil deswegen, weil sie keine Kinder bekommen konnte. Ihr Mann betrog sie und lebt mittlerweile mit seiner neuen jungen Lebensgefährtin zusammen, die ihm »einen Sohn geschenkt« hat.

Für Hanna war die Nachricht schwer zu akzeptieren, dass der Mann, der in ihrem Leben so eine wichtige Rolle spielte, eine andere gefunden hatte. Es gab jedoch niemanden, den sie hätte beschuldigen können; so blieb ihr nur, einfach zu akzeptieren, was war, und das Beste daraus zu machen.

Hanna hat an ihrer persönlichen Weiterentwicklung gearbeitet. Sie hat gelernt, dass jeder sein Leben leben muss und dass es weder möglich noch wünschenswert ist, um jeden Preis eine Beziehung aufrechtzuerhalten, in der keine Liebe mehr ist.

Sie hat sich als ehrenamtliche Hospizbegleiterin ausbilden lassen und besucht nun mehrmals pro Woche Menschen am Ende ihres Lebens, während sie zugleich in Teilzeit als Verkäuferin in einem großen Geschäft arbeitet. Sie sagt, wenn sie über den Verlauf ihres Lebens hätte entscheiden können, hätte sie es sich so zwar nicht ausgesucht, doch sie sei friedvoll und gelassen, könne das, was war, akzeptieren und habe einen Weg gefunden, ein positives Leben zu führen.

»Das Drama liegt darin, dass der Verstand ausgeschaltet wird durch das, was man weiß, das Herz eingeschränkt wird durch das, was man liebt, der Glaube blockiert wird durch das, was man glaubt.«

Jean-Yves Leloup

Wettbewerb

Wettbewerb – um jeden Preis gewinnen wollen – kann uns daran hindern, das, was ist, anzuerkennen.

»Wir leben in einer Gesellschaft, die besessen davon ist, andere zu übertreffen«, schrieb kürzlich ein Journalist. Dieser Wunsch, um jeden Preis zu gewinnen, andere zu übertreffen, besser beurteilt zu werden als sie, beliebter, schöner, begabter zu sein, hindert uns daran, zu sehen, was ist, und zwischen dem Wesentlichen und dem Belanglosen zu unterscheiden. Für dieses Unterscheidungsvermögen ist es nämlich erforderlich, die Realität in allem, was sie ausmacht, zu sehen und innezuhalten, um die Dinge und Ereignisse genau zu betrachten, um zu spüren, um nachzudenken.

Für viele ist ein solches An-die-Dinge-Herangehen unmöglich geworden, weil sie so sehr damit beschäftigt sind, andere zu übertreffen.

Angestachelt von ihrer Mutter, wollte Manuela Tänzerin werden. Seit sie vier Jahre alt war, hatte ihre Mutter sie unterstützt und manchmal auch dazu gedrängt, immer anstrengendere Kurse zu belegen, Diät zu halten und ganz und gar auf diesen Traum zu setzen. Die Lehrer des Mädchens fanden jedoch nicht, dass ihre tänzerischen Fähigkeiten besonders ausgeprägt waren, und hatten mehrfach versucht, ihrer Mutter dies klarzumachen. Vergeblich!

Für diese Frau war ihre Tochter eine Star-Tänzerin, sie würde all ihre Leidenschaft, all ihre Energie in dieses Ziel legen. Jahrelang blieben Mutter und Tochter allen Widerständen zum Trotz beharrlich. Mehrmals verletzte Manuela sich beim Tanzen. Jedes Mal wurden die besten Ärzte und Physiotherapeuten engagiert, und sobald es möglich war, wurden Kurse und Training umso intensiver wieder aufgenommen und strikt Diät gehalten.

Wiederholt kam es vor, dass Manuela nicht für Vorstellungen oder Castings ausgewählt wurde. Jedes Mal war sie tieftraurig. Doch keines dieser Zeichen wurde von der Mutter wahrgenommen.

Mit 14 unternahm Manuela nach einem erneuten Fehlschlag einen schweren Suizidversuch; mehrere Tage lag sie auf der Intensivstation, schwankend zwischen Leben und Tod. Dank des Eingreifens eines Psychiaters, der sie nach dem Vorfall betreute, konnte Manuela endlich von diesem für sie ungeeigneten Lebensziel, Tänzerin zu werden, befreit werden, das sie gezwungenermaßen verinnerlicht hatte, um sich die Liebe ihrer Mutter zu erhalten.
Diese beiden Menschen lebten über Jahre in einer Illusion, unfähig, die Realität zu sehen und zu akzeptieren, »was ist«.

Egozentrik

Egozentrik hindert uns ebenfalls daran, zu akzeptieren, was ist.
Sehen, was ist, hören, was ist, erfordert ein Minimum an Offenheit gegenüber dem, was unser Gegenüber sagt und was er oder sie ist. Wenn wir meinen, im Recht zu sein, das Wahrheitsmonopol innezuhaben, sind wir nicht in der Lage, eine offene Einstellung zu entwickeln und die Tatsachen anzuerkennen.
Das 20. Jahrhundert wimmelt von Beispielen verrückter Staatsführer, die ganz und gar auf ihre

eigene Wahrheit konzentriert waren und nicht auf die Realität. Manche haben ihre Bevölkerung mit in ihren jeweiligen Wahn hineingezogen: Der Nationalsozialismus im »Dritten Reich« beispielsweise war eine immense kollektive ethnozentrische Illusion, deren Anhänger jeglichen Kontakt zur Realität verloren hatten.

Auch auf der persönlichen Ebene sind diejenigen, die sich für den Nabel der Welt halten und nichts anderes sehen, nicht in der Lage zu akzeptieren, was ist. Ihre Beziehungen zu anderen sind unbefriedigend, die Partnerschaft verschlechtert sich, den Kindern geht es nicht gut und das Berufsleben geht den Bach runter. Doch wird all das nicht verstanden: Die anderen haben unrecht, haben nichts verstanden. Sich selbst zu hinterfragen kommt bei diesen Menschen nicht vor, und es ist ihnen völlig unmöglich, das anzunehmen, was ist.

Groll

Zu den Dingen, die die Fähigkeit, die Realität anzunehmen, stark einschränken, gehört auf jeden Fall auch der Groll: Ressentiments gegen jemanden hegen, in der Vorstellung verhaftet bleiben, dass der andere etwas nicht hätte sagen oder tun sollen, dass er sich nicht so oder so hätte verhalten sollen … Da genau das aber eben geschehen ist, besteht keine Möglichkeit mehr, die eigene Sichtweise der Situation zu ändern, wenn wir im Groll stecken bleiben.

In einer Reality Show, die vor einiger Zeit im Fernsehen lief, wurde eine Frau in den Vierzigern von ihrem Schwiegersohn eingeladen, sich mit ihm zu versöhnen. Die beiden waren drei Monate vorher in Streit geraten, es war zu Beleidigungen gekommen und sie hatten während des gesamten Zeitraums kein Wort miteinander gewechselt. Die Enkelin, die ihre Großmutter sehr liebte, litt unter dieser Trennung, und alle Beteiligten wurden schlecht mit dem völligen Abbruch der Kommunikation fertig.
Der Schwiegersohn bat um Verzeihung und erklärte, welche Umstände ihn dazu gebracht hatten, dass er seine Worte nicht mehr unter Kontrolle gehabt hatte.
Doch da war nichts zu machen: Schwiegermama, im Brustton der Überzeugung, dass sie im Recht sei, gab nicht einen Deut nach. Sie war beleidigt worden und hatte im selben Ton geantwortet, denn, wie sie beharrlich wiederholte: »Wenn jemand Ärger mit mir will – nur zu! Kann er gerne

haben!« Ein Satz, der ihre unbeugsame, starre Haltung erklären sollte.
Vor Millionen Fernsehzuschauern verharrte sie in ihrer Logik, ihrem Groll, in der Vergangenheit, statt offen für die Gegenwart zu sein, für das, was in diesem Moment war und was sich an Veränderungsmöglichkeiten zeigte.

Groll hindert uns daran, die Realität zu sehen, zu erkennen, was ist, und in der Gegenwart zu handeln. Die Ordensfrau Maria Paz Mariño zitiert dazu in ihrem Buch *Libres enfin* Anthony de Mello: »Ebenso verhält es sich, wenn du dich über jemanden ärgerst. Verantwortlich für deinen Ärger bist immer du selbst, auch wenn der andere den Konflikt provoziert und dich beleidigt oder missachtet hat. Es ist die Vorstellung von dir selbst, der du verhaftet bist, die bewirkt, dass du leidest, nicht der Konflikt, die Beleidigung oder die Missachtung.«
Es kann sein, dass wir uns von Äußerungen oder dem Verhalten anderer uns gegenüber »verletzt« fühlen. Dann ist es sinnvoll, sich zu fragen, warum diese Äußerungen oder diese Taten so schwer zu akzeptieren sind. Wenn wir zu dem Schluss kommen, diese Missachtung oder diese Beleidigungen nicht zu verdienen, ist es angezeigt, die ganze

Angelegenheit loszulassen und wieder zu Ruhe und Gelassenheit zurückzufinden.
Wenn wir uns aber, umgekehrt, eingestehen, dass unser eigenes Verhalten bei der einen oder anderen Gelegenheit nicht so war, wie es hätte sein sollen, dann können wir die Reaktion, die es bei anderen hervorgerufen hat, akzeptieren und aus dem lernen, was passiert ist. So findet sich alles wieder in die gewohnte Ordnung, kein Groll bleibt zurück.

Im Bereich unserer zwischenmenschlichen Beziehungen das, was ist, zu akzeptieren, bedeutet stets daran zu denken, dass jeder Mensch durch seine Familie, seine Kultur und Religion stark konditioniert, gleichsam »programmiert« ist, dass sein Sprechen und Handeln auf diesen Programmierungen beruht – und dass dies sehr oft überhaupt nichts mit der Schwierigkeit zu tun hat, die sich in der Beziehung zwischen ihm und uns ergeben hat. Dementsprechend ist jeglicher Groll unnütz und wirkt wie ein Filter, der verhindert, dass wir sehen, was ist, und dass wir Mittel und Wege finden, um problematische Situationen zum Besseren zu wenden.
Groll wirkt auch als innerer Stressor. Jedes Mal, wenn wir einer Person begegnen, der wir grollen, nehmen wir sie im Zusammenhang mit dem

geschehenen Konflikt und mit den unerfüllten Erwartungen wahr, die wir an sie hatten. Das Ergebnis: Unser Herz klopft schneller, der Blutdruck steigt, weil wir die Gegenwart verlassen haben und nicht mehr das sehen, was ist, sondern stattdessen die Anspannung der Vergangenheit noch einmal durchleben.

Das einzige Mittel gegen den Groll ist das Loslassen! Und das bedeutet: Wir beschließen, dass das Wichtige, Wesentliche unser innerer Friede ist, die Gelassenheit und das Präsentsein im Augenblick.

Das ist bei Weitem nicht immer leicht. Es ist ein Weg, den wir einschlagen, ein Ziel, das wir mit allen Kräften verfolgen können, während wir uns langsam dem Akzeptieren dessen, was ist, annähern.

Schuldgefühle

Annehmen, was ist, heißt akzeptieren, dass wir unvollkommen sind, und Tag für Tag unsere Fähigkeit, »bewusst« zu leben, zu vergrößern. Das ist für die meisten Menschen eine enorme Herausforderung! Wir alle möchten gerne dem Bild entsprechen, das wir uns von uns selbst machen. Und wenn dann etwas passiert, was uns mit unseren Grenzen konfrontiert, uns unsere Schwächen enthüllt, dann stellen sich Schuldgefühle ein. In der Folge sind wir nicht mehr in Verbindung mit dem, was ist, und bleiben stattdessen geistig »festgefahren im Schlamm« des unwahrscheinlichen Feldes dessen, »was hätte sein sollen«, was hätte gesagt oder getan werden müssen.

Ein Mann, dessen Sohn sich vor fast 15 Jahren umgebracht hatte, äußerte seine immensen Schuldgefühle. Er meinte, er habe bei der Erziehung seines Sohnes versagt. Immer wieder betonte er: »Ich konnte ihm keinen Leistungswillen vermitteln, ihm nicht beibringen, Frustration auszuhalten.«
In den 15 Jahren seit dem Tod seines Sohnes blieb er fixiert auf seinen vermeintlichen »Fehler«, auf das, was er als sein »Versagen« bezeichnete. Er hatte keinen inneren Frieden gefunden. Seine gesamte Freizeit verbrachte er damit, ehrenamtlich in Organisationen zu arbeiten, die im Bereich der Suizidprävention tätig waren. Fragte man ihn, wie es ihm ging, antwortete er stets das Gleiche:
»Das spielt doch überhaupt keine Rolle. Wie geht es Ihnen?«

Dieses Leben, das an eine für ihn inakzeptable Vergangenheit gebunden war, in dem er unfähig war, das, was war bzw. was sich ereignet hatte, anzuerkennen, war für seine Frau unerträglich geworden: Sie hatte die Scheidung eingereicht. Sein anderer, sehr lebendiger Sohn hatte sich distanziert von diesem Vater, der von Schuldgefühlen zerfressen wurde und in der Unfähigkeit verharrte, die Realität zu akzeptieren und in der Gegenwart zu leben.
Dieser ratlose Vater versuchte nach bestem Vermögen dem Drama, das er durchlebt hatte, die Stirn zu bieten. Seine Verstrickung in Schuldgefühle hinderte ihn jedoch daran, zu sehen, dass auch er nur ein Mensch war: ein Vater, der sein Bestes getan hatte, wie die meisten Eltern, und der seinen Sohn nicht daran hatte hindern können, sich für den Tod zu entscheiden statt für das Leben.
Vielleicht war der Suizid seines Sohnes für diesen Mann so unerträglich und absurd, dass er unbewusst die Schuldgefühle »gewählt« hatte, um eine Erklärung zu haben und so dem Tod seines Kindes letztlich doch einen »Sinn« zu geben: »Ich bin schuldig, das kommt von meinen Erziehungsfehlern, damit erklärt sich alles!«

Leider sind Schuldgefühle ein Zerrspiegel, der verhindert, dass wir die Realität sehen. Mensch sein heißt unvollkommen sein, heißt Fehler machen, heißt, dass wir akzeptieren müssen, manchmal etwas nicht zu verstehen, mit großen Geheimnissen des Lebens konfrontiert zu sein und mit Dingen, die uns ungerecht und absurd erscheinen.

Mensch sein heißt, daran zu arbeiten, uns selbst anzunehmen und zu akzeptieren, was ist, um dann entscheiden zu können, wie wir mit dem, was uns geschehen ist, umgehen können.

Mensch sein heißt, dass wir in jedem Augenblick versuchen, so gut wie möglich zu leben, unter Berücksichtigung unserer Umstände und der Tatsache, dass Schuldgefühle nicht sinnvoll sind.

4

Akzeptieren, was ist, fördert inneres Wachstum

Eine weitere Illusion, die uns daran hindert, das zu sehen, was ist, ist die Überzeugung, Fortschritt beruhe auf permanenter Unzufriedenheit mit der Realität.
Es existieren viele Arten, diese Illusion zu leben:

Die Flucht nach vorn

Sie besteht darin, in der Zukunft zu leben: *Wenn wir mehr Geld haben, wenn ich mein Studium abgeschlossen habe, wenn wir erst verheiratet sind, wenn wir Kinder haben, wenn die Kinder groß sind …*
So gesund und legitim es ist, sich auf das zu freuen, was noch kommt, so »gefährlich« ist es auch, wenn wir nur noch in der Zukunft leben und darüber »vergessen«, im gegenwärtigen Augenblick präsent zu sein und zu akzeptieren, was gerade ist;

wenn wir »vergessen«, voller Dankbarkeit zu sein für das, was ist.
Es kann sein, dass uns die Realität, so wie sie in diesem Moment ist, nicht gefällt. Wir können auf Besseres hoffen, auf mehr, etwas anderes, wir können uns die Zukunft erträumen. Nichtsdestoweniger können wir nur hier und heute handeln und unsere Zukunft kreieren.

Eine negative Einstellung zur Gegenwart

Ach, könnte ich doch nur von hier weg! Die Menschen um mich herum sind allesamt Nieten, uninteressant, engstirnig, Angsthasen … Die negativen Zuschreibungen sind unendlich variabel.
Mein Mann, meine Frau, meine Kinder, meine Familie, die Tatsache, dass ich keine Familie habe, all das hindert mich daran, so zu leben, wie ich es möchte.
Ich habe nicht die Arbeit, die ich gerne hätte, ich hatte kein Glück, meine Eltern haben mir kein Studium finanziert, ich hätte gerne eine Fremdsprache gelernt etc. Die Liste der möglichen Klagen ist vielfältig und endlos lang.

Die Opferhaltung

Nach allem, was ich durchgemacht habe, kann ich mich einfach nicht »kontrollieren«, »normal arbeiten«, »glücklich sein« und vieles mehr – je nachdem, was das »Opfer« sich aussucht.

Für Menschen, die so denken, existiert die gegenwärtige Realität nicht, »was heute ist«, spielt keine Rolle. Es zählt allein das, was in der Vergangenheit geschehen ist, was verloren ist, was gestern oder vorgestern positiv war.

Annehmen, was ist – das ist das Geheimnis jedes Neuanfangs, jedes persönlichen Fortschritts und Wachstums, jeglicher Weiterentwicklung.

Eine der erschütterndsten Geschichten im Zusammenhang mit der Fähigkeit, die Dinge zu akzeptieren und dadurch einen Neuanfang zu ermöglichen, hat uns die betroffene Person selbst erzählt.

Pierrette Richer aus der kanadischen Provinz Quebec war die glückliche Mutter von fünf wunderbaren Kindern. An einem Abend im Februar musste sie noch länger im Büro arbeiten, während ein Babysitter zu Hause auf ihre Kinder aufpasste. Da erhielt sie die Nachricht, dass ihr Haus in Flammen stand! Als sie und ihr Mann, den sie verständigt hatte, dort ankamen, mussten sie erfahren, dass man ihre fünf Kinder nicht hatte retten können. Pierrette fiel im Schnee auf die Knie und verharrte zehn lange Minuten lang so niedergeworfen. Dann erhob sie sich und sagte sich: »Das ist passiert!« Sie hatte den außergewöhnlichen Mut, zu akzeptieren, was war.

Oh nein – es war nicht das, was sie sich wünschte: ihr gesamtes Leben in Asche aufgegangen, ihre Kinder für immer fort! Es gibt jedoch Menschen, die über außergewöhnliche innere Ressourcen verfügen, die fähig sind, zu akzeptieren, was ist, und dann weiterhin das Leben zu würdigen, das in ihnen ist.

Kurz nach diesem tragischen Ereignis verließ Pierrette Richer Kanada. Sie machte eine Ausbildung zur Psychotherapeutin und heilt, tröstet und unterstützt heute andere Menschen, die nach einer persönlichen Tragödie Hilfe benötigen.

Wenn sich ein Drama ereignet, wir einen Schicksalsschlag erleiden, geht es keineswegs darum, sich die Trauerarbeit und die damit einhergehenden schmerzlichen Gefühle wie Zorn, Angst, Traurigkeit, mitunter Zweifel und Schuldgefühle zu ersparen. Das Wesentliche ist jedoch, zur Akzeptanz dessen, was ist, zu gelangen: Es ist durchaus nicht so, als hätte man das, was passiert ist, gewollt, resigniere oder ginge zu etwas anderem über. Vielmehr geht es darum, sich ganz einfach – und häufig ist es eben nicht einfach, sondern schwierig – zu sagen: »Das ist geschehen!«

Die Realität ist so.
Ich erkenne an, was ist,
weil genau das der Ausgangspunkt ist, von dem aus
ich woandershin gehen kann.

5

Akzeptieren, was war: Die Vergangenheit

Es gibt keine andere Wirklichkeit als die Wirklichkeit, ob wir es wollen oder nicht, ob wir es akzeptieren oder nicht.

Jean-Yves Leloup

Groll, Verbitterung, der Eindruck, ein Opfer der Umstände zu sein: All das sind Hürden, die uns daran hindern, die Vergangenheit anzunehmen. Der sicherste Weg zur Gelassenheit, zu einem erfüllten Leben besteht jedoch im Akzeptieren dessen, was geschehen ist.

Wie wir an einigen der auf den vorhergehenden Seiten vorgestellten Fallbeispiele gesehen haben, kann man das Leben verpassen, indem man sich an Vergangenem festklammert und starr in Situationen »feststeckt«, die sich vor Jahren oder sogar Jahrzehnten ereignet haben.

Solche nicht abgeschlossenen Situationen bilden

nie versiegende Quellen der Bitterkeit und manchmal sogar des Hasses. Wer es nicht geschafft hat, sie zu überwinden, kehrt ewig zu ihnen zurück, um aus ihnen zu trinken, und erhält so eine toxische Beziehung zu Ereignissen aufrecht, die längst stattgefunden haben, die vergangen und nicht mehr veränderbar sind.
Eine der außergewöhnlichsten und anregendsten Geschichten, die wir in diesem Zusammenhang gehört haben und die unser Leben wie auch unsere Berufspraxis verändert haben, teilte die Autorin Christiane Singer bei einer Konferenz mit den Zuhörern.

Die Geschichte erzählt von einem alten Rabbiner, der sein Leben zu einem permanenten Zeugnis von Kraft und Mitgefühl gemacht hatte. Er hatte sich in der Hospizbewegung und für eine angemessene Palliativversorgung Sterbender engagiert und viele Menschen am Ende ihres Lebens auf dem Weg zu ihrer »Geburt im Himmel« begleitet. Als sein eigenes Lebensende herannahte, betete er zu Gott und fragte ihn: »Sag mir, Herr, was kann ich noch für diese Erde tun, bevor ich sie verlasse?«
Gott antwortete ihm: »Sorge dafür, dass du nicht die geringste Spur deines Leidens hier auf Erden hinterlässt, bevor du gehst!«

Der alte Rabbi war ratlos. Er hatte den Eindruck, dass er seinen Feinden vergeben und sich mit seiner Vergangenheit ausgesöhnt hatte. Doch dann erinnerte er sich an einen Vorfall, der ihn immer noch jedes Mal traurig machte, wenn er daran dachte.
Es war ein Angriff auf ihn, den er in Wien erlebt hatte, als er noch ein kleiner jüdischer Junge mit einer Kippa (der traditionellen Kopfbedeckung, die von praktizierenden Juden getragen wird) war. Er war von Jugendlichen angegriffen worden, die ihn mit Schlägen traktierten und ihn schließlich auf einer Brücke liegen ließen, weil sie dachten, er sei tot.
Der alte Rabbi beschloss, noch einmal nach Wien zu fahren und diese Brücke aufzusuchen. An einem frühen Morgen nahm er dort mit ungeheurem Mitgefühl die Erinnerung an den kleinen Jungen in sich auf, der er damals gewesen war. Er stellte sich vor, dieses Leid ganz zu verinnerlichen und es zu transformieren. Dann verließ er Wien mit der inneren Zuversicht, dass keine Spur seines Leidens auf dieser Erde mehr vorhanden sein würde, wenn er sie verließ.

Was für ein großartiges Vorgehen: *sich um sein Leid kümmern, etwas daraus machen, es wahrnehmen und anerkennen, es zähmen und verwandeln: So können wir diese außergewöhnliche Transformation vollbringen, die es ermöglicht,*

das Unglück zu nutzen, um unserem Leben, unserem Alltag und unseren Beziehungen einen Sinn zu verleihen!
Diese Perspektive verändert das Leben ebenso wie die Arbeit mit Menschen, sei es in der Begleitung von Sterbenden, Trauernden, von Menschen in Krisensituationen oder mit psychischen Problemen.

Unser Leiden in Worte fassen können

Wenn wir in Bezug auf unsere Vergangenheit das, was ist, akzeptieren, dann wagen wir es, ihr offen ins Gesicht zu blicken: Wir wagen es, den Schmerz und die aufgewühlten Gefühle, die innere Stürme in uns verursachen, in Worte zu übersetzen, die von einem Menschen empfangen werden können, der wirklich zuhört und nicht urteilt. Dann sprechen wir über all das, was geschehen ist und was es in uns ausgelöst hat, ohne irgendjemanden zu beschuldigen, weder uns selbst noch andere.
»Das ist geschehen, es ist Teil meiner Geschichte, ich kann es nicht vergessen, kann es nicht tilgen, es ist passiert.« Eines jedoch müssen wir damit tun: nämlich etwas daraus machen!
Wie kann ich diese Episode meines Lebens, diese Unzulänglichkeiten, diese Schicksalsschläge, diese

Kränkungen nutzen, um meinem Leben hier und jetzt mehr Sinn zu verleihen? Sich diese Frage zu stellen, ist die einzig wahre Möglichkeit, das, was ist, in Bezug auf die eigene Vergangenheit zu akzeptieren.

Transformation und Verwandlung

Eine Geschichte, die uns vor langer Zeit in die Hände fiel (wo sie steht, ist uns entfallen), veranschaulicht eindrucksvoll, wie Leiden, Unvollkommenheit oder Scheitern genutzt werden können, um etwas Sinnvolles daraus zu machen.

Ein Fürst besaß einen riesigen Diamanten, auf den er sehr stolz war. Dieser kostbare Edelstein lag in einer gesicherten Vitrine. Eines Tages bat der Fürst einen Diener, ihm den Diamanten zu bringen, denn er wollte ihn in der Hand wiegen und von Nahem bewundern. Doch wie groß war sein Schrecken, als er ihn in den Händen hielt und einen riesigen Kratzer auf jenem Teil des Diamanten entdeckte, der normalerweise nicht zu sehen war!
Der Fürst war sehr unglücklich, immerzu musste er an den kostbaren Stein und dessen Makel denken, von dem er nichts gewusst hatte. Er beschloss, seine Berater einzuberufen und ihnen das Problem vorzulegen.

Einige Berater wollten eine große Untersuchung in die Wege leiten, um die Schuldigen – diejenigen, die den Diamanten zerkratzt hatten – zu finden.
Andere empfahlen, den Diamanten in die Vitrine zurückzulegen und zu versuchen, nicht mehr daran zu denken, dass er eine unvollkommene Seite hatte.
Da ergriff der älteste und weiseste der Ratgeber das Wort: »Hoheit, ich glaube, die beste Lösung besteht darin, den Makel auf dem Diamanten zu nutzen, um etwas daraus zu machen, was seinen Wert steigert.«
Alle anderen Berater brachen in Gelächter aus und machten sich über den in ihren Augen höchst sonderbaren Vorschlag lustig. Doch der Fürst bedeutete ihnen, zu schweigen, und wandte sich an den alten Mann: »Und wie könnte man das deiner Ansicht nach tun?«
»Hoheit, ich kenne einen unglaublich begabten Goldschmied, der in der Nähe wohnt, wir könnten ihn herkommen lassen.«
»Gut!«, sagte der Fürst. »Man möge ihn holen!«
Bald darauf sah man einen einfach gekleideten Handwerksmann herankommen, mit warmem Blick und selbstbewusstem Auftreten. Nachdem man ihm das Problem erklärt hatte, sagte er, da ließe sich etwas machen. Der Fürst war zwar nicht besonders zuversichtlich, entschied sich jedoch, dem Goldschmied zu vertrauen.

Nach drei Tagen kam dieser wieder. Auf einem Tablett, das mit Samt bedeckt war, schillerte der Diamant in feurigem Glanz. Der Goldschmied hatte eine wunderschöne Rose in den Diamanten eingraviert, und der Kratzer bildete den Stängel. Als Meister seines Fachs hatte er es geschafft, die Blume so zu gestalten, dass sie die Schönheit und die Leuchtkraft des Diamanten noch steigerte.
Der Fürst war entzückt. Er belohnte den Goldschmied und bat, man möge den Diamanten so wieder in die Vitrine legen, dass die gravierte Seite gut sichtbar war, um sie bewundern zu können. Es gab nichts mehr zu verbergen, der »schändliche« Kratzer war zum Stiel einer wunderschönen Rose geworden.

Diese Verwandlung fasst gut zusammen, was passieren kann, wenn jemand im Zusammenhang mit seiner Vergangenheit das, was ist, annimmt.
Manche, wie einige der Berater des Fürsten, wollen Schuldige finden, sie überführen, bestrafen. Das ändert jedoch nichts an dem, was ist.
Andere wollen verstehen, warum: Warum ich? Woher kommt das? Man kann sogar zeitlich immer weiter zurückgehen und den Ursprung einer Schwäche möglicherweise einige Generationen früher finden. Das ändert nichts an dem, was ist.
Schließlich wollen viele – ebenso wie ein Teil der

Berater des Fürsten – »vergessen«: Es ist vergangen, vorbei, reden wir nicht mehr darüber. Auch das ändert nichts an dem, was ist.
All diese Strategien führen nur dazu, dass wir nicht bewältigtes Leiden mit uns »herumschleppen«.
Der einzige Weg, der uns zur Gelassenheit führen kann, ist der, dass wir uns unserem Schmerz, unserer Reue, unserem Groll und unserem Hass stellen und akzeptieren, dass sie existieren – oft genug aus gutem Grund.
Anschließend geht es darum, ihnen Ausdruck zu verleihen, indem wir mit jemandem darüber sprechen, sie aufschreiben, zeichnen, malen, schnitzen oder bildhauerisch darstellen, sie spielen, singen, kurzum: indem wir sie in eine von außen wahrnehmbare Form bringen. (Konkrete Ideen dazu finden Sie im Kapitel 9.)
Dann sehen wir ihnen ins Auge, betrachten sie als Konstruktionsmaterial und versuchen herauszufinden, was wir daraus machen können.
Wenn wir eine Möglichkeit gefunden haben, unser Leid zu transformieren, indem wir es in Mitgefühl – für uns selbst und andere – umwandeln, dann kann die schmerzliche Vergangenheit voll und ganz angenommen werden.
Diese Umwandlung, diese Transformation ist durchaus nicht selbstverständlich. Sie wird oft

dadurch erleichtert, dass sie von einer Person unseres Vertrauens begleitet wird, von einem kompetenten Freund, einem Lebensberater, einem Psychotherapeuten oder spirituellen Begleiter mit einer offenen Einstellung. Wenn auch die Präsenz eines »Zeugen« durchaus von Nutzen sein kann, so bleibt doch die Arbeit an uns selbst stets eine persönliche Angelegenheit: Niemand kann sie an unserer Stelle tun.

6

Akzeptieren, was ist: Die Gegenwart

Ein großer Unterschied zwischen einer Ratte und einem Menschen besteht darin, dass die Ratte schon bald aufhört, durch den Tunnel zu laufen, der keinen Käse enthält, während der Mensch bereit ist, sein ganzes Leben lang denselben Tunnel zu nehmen.
Früher oder später wird die Ratte den Tunnel aufgeben, denn sie hat keinen Verstand, um zu analysieren, zu interpretieren und zu beweisen, dass sich der Käse am Ende dieses Tunnels befinden muss, weil er sonst auch immer dort war …
Die Ratte akzeptiert, was ist, und macht sich daran, anderswo zu suchen.

Ken Keyes

»Das Handbuch zum höheren Bewusstsein«

Seit Ende des Zweiten Weltkriegs, also seit etwa 70 Jahren, haben sich sehr viele Menschen – vor allem aus dem Westen – vorgestellt, die Macht über ihr Leben läge in ihren Händen.
Nun endlich würden sie frei sein! Gott, das Schicksal, die Natur, all das konnte in den Hintergrund treten. Der Krieg war zu Ende, der Wohlstand würde ausbrechen und der Mensch Herr über sein Schicksal sein!
Planen, Managen und Organisieren entwickelten sich zu den wesentlichen Tätigkeiten. Krankheiten vorbeugen, sein »Gesundheitskapital« managen, sich gegen Unfälle, Diebstahl, Überschwemmungen, Brand und sogar gegen durch Marder entstandene Schäden am Auto versichern, das ist wichtig! Vorausschauend planen, »Sicherheit schaffen«!
Diese Maßnahmen, die natürlich sinnvoll sind, haben jedoch zu der Illusion beigetragen, das Leben und seine Konsequenzen seien beherrschbar: daher die Verunsicherung und Auflehnung, wenn dieser Lebensweg dann nicht »plangemäß« verläuft.

Wir können das Leben nicht kontrollieren

Man kann an Krebs erkranken, obwohl man sehr auf seine Gesundheit geachtet hat. Man kann sehr

umsichtig sein und trotzdem in einen Unfall verwickelt werden. Man kann bei der Erziehung seiner Kinder sein Bestes getan haben und dennoch wird die Tochter drogenabhängig. Man kann eine Beziehung und ein harmonisches Familienleben aufgebaut und bewahrt haben und dennoch eines Tages erfahren, dass der Sohn straffällig geworden ist.
Tsunamis und andere Naturkatastrophen erinnern uns regelmäßig daran, dass die Natur niemals »unterworfen« werden kann.
Der Tod, den wir so gerne ausschalten würden, ist allgegenwärtig und wird uns alle ereilen.
Früher waren die Menschen viel eher bereit zu akzeptieren, dass das Leben nicht in ihren Händen lag, während unsere Zeitgenossen sich darüber empören und sich gegen die Vorstellung auflehnen, man solle das, was ist, akzeptieren.

Vorbeugen, sich organisieren, Vorsichtsmaßnahmen ergreifen – das gehört zwar zu einer klugen Lebensführung, doch sollten wir dabei stets im Sinn behalten, dass Unglück trotz allem geschehen kann.

Wer hätte gedacht, dass Frère Roger Schutz, der Gründer der Gemeinschaft von Taizé in Frankreich, von einer geistesgestörten Frau ermordet werden würde, nachdem er über 60 Jahre damit

verbracht hatte, im Geist des Friedens und der Versöhnung zu leben? Wer hätte die Zerstörung der Zwillingstürme des World Trade Center vorhersehen können?
Warum? – Das ist eine Frage, auf die es keine Antwort gibt und die sich doch jeder stellt, der von solchen Ereignissen betroffen ist.
Annehmen, was ist, sehen, dass dies die Realität ist, mit der wir konfrontiert sind, das erfordert geistige Klarheit, Mut und Weisheit. Es ist passiert, es hat jetzt stattgefunden.

Wie gehen wir damit um?

Zuallererst, indem wir das, was ist, anerkennen und dabei dem Drama, dem Unglück, dem Chaos, dieser schrecklichen Angelegenheit ins Gesicht sehen, die uns berührt und vielleicht auch unsere Angehörigen betrifft – was genauso unerträglich ist. Es existiert! Es gibt keinen Ausweg. Dieser klarsichtige, aufmerksame Blick ermöglicht uns voranzuschreiten.
Der erste Schritt besteht darin, dass wir uns fragen, ob es möglich ist, einzugreifen, die Realität zu verändern, ob es möglich ist, zu behandeln, zu heilen, Wege zu finden, die den Einfluss oder die Konsequenzen des Problems verringern.

Juliane, die sich gerade einer Kontrollmammografie unterzogen hatte, erhielt einen Anruf von ihrem Arzt, der schnell einen Termin mit ihr vereinbaren wollte.

»Es ist Krebs«, sagte er und zeigte ihr die Röntgenaufnahme. »Sie müssen so bald wie möglich operiert werden.«

Juliane war am Boden zerstört.

»Das mir! Warum ausgerechnet ich? Ich verstehe das nicht! Ich gehe doch immer regelmäßig zur Früherkennung!«

Juliane durchlebte 48 schwere Stunden. Dann blickte sie der Realität ins Auge und akzeptierte, was war. Sie wurde operiert und erhält momentan eine Chemotherapie. Sie sagt: »Ich habe Krebs und werde alles in meiner Macht Stehende tun, um wieder gesund zu werden!«

Mit Freundinnen und Kollegen spricht sie sehr offen über ihre Situation. Sie nimmt das an, was ist, und glaubt daran, dass eine Heilung möglich ist.

Es kann sein, dass sich Metastasen bilden, und jedes Mal wird sie dem ins Gesicht sehen müssen, wird sie Wege finden und das, was ist, akzeptieren müssen.

Eines Tages genügen die Behandlungen vielleicht nicht mehr und die Ärzte sagen ihr, alle kurativen Behandlungsmethoden seien nun ausgeschöpft und es bliebe nur mehr die Möglichkeit einer palliativen Versorgung. Auch da wird sie einen langen Weg gehen müssen, um zu akzeptieren und sich dem zu stellen, was ist.

Annehmen, was ist – das ist ein Vorgehen, das in der Gegenwart stattfindet: hier, heute, mit dem, was ich jetzt weiß und spüre; ich tue, was ich kann, ich nehme an, was ich annehmen kann. Nur für den Moment akzeptiere ich, was ist, von einem Augenblick zum nächsten.

Eine Volksweisheit sagt: »Jeder Tag hat seine eigene Plage.« Man könnte auch sagen: »Jede Minute hat ihre eigene Plage.« Genau hier und jetzt kann ich mich dem stellen. Genau in dieser Minute kann ich akzeptieren, was ist, und was danach kommt, wird sich zeigen.

Akzeptieren, was genau jetzt ist – das ist die einzige Vorgehensweise, die es uns ermöglicht, im größtmöglichen Frieden zu leben.

Eine Frau erzählte uns, wie sie beinahe in Ohnmacht gefallen war, als sie erfuhr, dass ihr einziger Sohn homosexuell war. In dem Moment hatte sie das Gefühl, den Boden unter den Füßen zu verlieren. Sie sah die Vorurteile in ihrer Umgebung, die fehlenden Enkelkinder – sie, die so gerne Großmutter sein wollte! –, die ablehnende Reaktion des Vaters, der Armeeoffizier war, und das Abbrechen von Familienbeziehungen; sie sah ihr eigenes Unvermögen, den Freund ihres Sohnes zu akzeptieren, und die beruflichen Schwierigkeiten, denen ihr Kind womöglich ausgesetzt wäre.

Nach einigen äußerst schwierigen Tagen wurde der Frau bewusst, dass sie Szenarien vorwegnahm und konstruierte, die vielleicht nie eintreten würden. Mit diesem Klarblick beschloss sie, in die Gegenwart zurückzukehren. Was wusste sie? Dass ihr Sohn homosexuell war. Das hatte er ihr sehr bewegt und aufgewühlt anvertraut. Sie entschied sich, diese Information »nur für den Moment« zu akzeptieren und alle unbegründeten Vorstellungen, die sich einschleichen wollten, aus ihrem Kopf zu verbannen.

Nach und nach und indem sie Tag für Tag so weitermachte, ohne ein »Katastrophenszenario« zu kreieren, war sie allmählich besser in der Lage, sich »mit dieser Vorstellung abzufinden« und zu akzeptieren, was war. Sie lernte den Freund ihres Sohnes kennen. Ihr Mann reagierte überhaupt nicht so ablehnend, wie sie es sich vorgestellt hatte. Am Ende bewirkte diese Belastungsprobe, dass diese Frau geistig offener wurde.

Sie fragte sich nicht mehr, »Warum? Warum ich?«,

sondern begann sich zu fragen: »Wofür?« Wie konnte sie das, was geschehen war, »nutzen« und etwas Positives daraus gestalten?
Sie machte eine Fortbildung in Lebensbegleitung und wurde ehrenamtliche Telefonberaterin bei einer Vereinigung, die Eltern Homosexueller unterstützt. Oft begegnet sie ratlosen Müttern und Vätern, die sie so gut versteht und denen sie dabei helfen kann, dass auch sie es schaffen, die Realität anzuerkennen und konstruktiv mit dieser unerwünschten »Prüfung« umzugehen.

Wir könnten natürlich das, was ist, auch ablehnen, es zurückweisen, ausschließen, hassen, uns mit aller Kraft dagegen wehren! Leider ist das jedoch unvereinbar mit innerem Frieden und Gelassenheit. Überdies verursacht es nur noch mehr Anspannung und Unbehagen in unserem Umfeld.
Akzeptieren, was in der Gegenwart ist, bedeutet: Wir sehen die Dinge klar, ziehen alles in Betracht, was getan werden kann, um »dagegen« anzugehen, um zu heilen, zu kitten und zu verändern – falls es möglich ist. Und sollte eine solche positive Veränderung nicht möglich sein, nähern wir uns langsam der Akzeptanz des Unveränderbaren und schauen, wie wir dieses Sandkorn in eine Perle verwandeln können.

7

Akzeptieren, was noch kommt: Die Zukunft

Es ist eine Eigenart von uns Menschen, dass wir uns gern die Zukunft vorstellen, uns in sie hineinversetzen. So können wir Pläne machen, Vorhersagen treffen, uns Ziele setzen. Diese bemerkenswerte Fähigkeit kann jedoch auch viel Angst und Beklommenheit hervorrufen.

Hier und jetzt können wir genau das, was gerade ist, sehen und akzeptieren. In einer hypothetischen Zukunft dagegen ist alles möglich, das Schlimmste und das Beste. Um das Beste in Betracht zu ziehen, ist jedoch so viel Vertrauen erforderlich, dass die meisten Menschen eher »das Schlimmste« fürchten.

Dabei weiß jeder, dass man Tod, Alter, Katastrophen, viele Krankheiten, Degenerationserscheinungen und die Trauer über Verlorenes nicht verhindern kann. All diese Ereignisse treten ein, obwohl wir sie nicht erwarten. »Wir kennen weder

den Tag noch die Stunde.« Dennoch leben wir in der Angst, was wohl geschehen könnte, wir »machen uns Sorgen«. Bisweilen sorgen wir uns so sehr um die Zukunft, dass wir gar nicht mehr in der Lage sind, in der Gegenwart zu leben.
Dabei können wir nur in diesem »Hier und Jetzt« vorbeugen, uns vorbereiten, alles nur Erdenkliche tun, um eine glückliche Zukunft aufzubauen und das loszulassen, was weder geplant noch vorbereitet werden kann.
Das ist zwar ganz und gar nicht leicht, doch es ist die einzige Methode, die Gegenwart voll auszuschöpfen.

»Ich habe alles, was ich brauche, um hier und jetzt glücklich zu sein, es sei denn, ich lasse zu, dass mein Bewusstsein von einer Vergangenheit beherrscht wird, die tot ist, oder von einer Zukunft, die imaginär ist.«

Ken Keyes

Es geht darum, dass wir uns selbst vertrauen

»Ich habe die nötigen Fähigkeiten, um mich dem zu stellen, was das Leben für mich bereithält, ich vertraue mir selbst. Ich bin bis jetzt mit allem fertiggeworden, ich werde auch die nötige Kraft für das finden, was noch kommt.«

Es geht darum, dass wir anderen vertrauen

»Ich bin nicht allein auf der Welt; diejenigen, die um mich herum sind oder sein werden, sind in der Lage, mich zu begleiten, wenn ich es brauche.«

Es geht darum, dass wir Gott vertrauen – oder dem, was für uns die höchste Wirklichkeit repräsentiert

Wir sind nicht allein, isoliert, ohne Zuflucht, hin und her geweht wie ein Strohhalm auf diesem Planeten. Eine Kraft, eine Lebensenergie begleitet uns. Sie kann zwar die Schmerzen und Leiden, die uns das Leben bereitet, weder verhindern noch lindern, aber sie verleiht uns die Fähigkeit, ihnen die Stirn zu bieten.

8

Akzeptieren, was ist, in der Beziehung zu anderen

Jahrelang mit Menschen zusammenzuleben, zu arbeiten, in Kontakt zu sein, bei denen wir uns wünschen, sie wären anders, das kann eine harte Belastungsprobe sein. Es gibt natürlich immer noch die Möglichkeit, sich zurückzuziehen, sich scheiden zu lassen, umzuziehen, die Arbeit zu kündigen. Doch manchmal ist das weder wirklich durchführbar noch wünschenswert. Und dann stellt sich die Frage: *Wie kann ich akzeptieren, was ist? Wie kann ich akzeptieren, dass diese Person, die zu meiner Familie gehört oder mit der ich Umgang pflegen muss, Eigenschaften hat, die für mich so schwer zu ertragen sind?*

Wie akzeptieren, dass die Person, die ich einmal geliebt und vielleicht sogar geheiratet habe, so geworden ist, wie sie jetzt ist? Wie akzeptieren, dass die Krankheit, die Verschlechterung ihres Zustands sie so stark verändert hat?

Marianne ist die Mutter von Regine, einer jungen Frau von 24 Jahren, die an Schizophrenie leidet. Seit mittlerweile fünf Jahren wird ihre Tochter immer wieder in die Klinik eingewiesen. Sie konnte aufgrund der Erkrankung ihr Studium nicht abschließen, obwohl sie eine ausgezeichnete Studentin war. Die positiven Beziehungen zu einigen ihrer Freundinnen sind zerbrochen. Regine hört Stimmen, neigt dazu, sich zu vernachlässigen und sich in ihrem Zimmer abzukapseln.
Etwa drei Jahre lang war Marianne außerstande, die Realität zu akzeptieren. Sie fühlte sich schuldig. Was hatte sie bei der Erziehung von Regine falsch gemacht? War alles ihre Schuld? Hatte sie ihrer Tochter schlechte Gene vererbt?
Marianne schwankte ständig zwischen Hoffnung und Verzweiflung: Ihre Tochter schizophren … Nein, das konnte nicht sein! Diese drei Jahre waren die Hölle. Regine kehrte zwischen den Klinikaufenthalten zu ihren Eltern zurück. Manchmal hatte sie schwere Schübe, die die ganze Familie in Aufruhr versetzten.
Ganz allmählich, mithilfe eines buddhistischen Mönchs konnte Marianne schließlich zur Akzeptanz dessen vordringen, was war. Sie erkannte, dass ihr Widerstand dagegen auch Regine beeinflusste und dass ihre innere Anspannung Missstimmung

in die Familie brachte. Langsam und bisweilen unter Schwierigkeiten lernte Marianne, sich der Realität zu stellen.
Statt Zorn, Traurigkeit und Verbitterung in sich aufkommen zu lassen, wenn es Regine schlecht ging, entwickelte sie die Fähigkeit, sich wieder zu sammeln, tief einzuatmen, zur Ruhe zu kommen und Frieden auszuatmen:

> »Ich atme ein und spüre,
> wie sich Ruhe in mir ausbreitet;
> ich atme aus und verbreite
> Frieden um mich herum.«

Wenn sie diese einfache Übung macht, ist Marianne in der Lage, ruhig zu bleiben, das, was ist, zu akzeptieren und bessere Strategien zu finden, um mit den Geschehnissen umzugehen.
Unlängst war sie sogar damit einverstanden, dass Regine in eine Einrichtung zog, in der sie mit anderen zusammenwohnt, die ebenfalls psychische Probleme haben. Das ermöglichte Marianne, ihrem Mann und ihren beiden jüngeren Söhnen wieder mehr Lebensqualität, und wenn Marianne ihre

Tochter jetzt sieht, ist sie ruhig, entspannt und frei von unrealistischen Erwartungen in Bezug auf Regine, was die Kontakte enorm erleichtert.

Nicht immer ist es eine Krankheit, die die familiären Beziehungen erschwert. Es können auch Veränderungen sein, die sich in der Partnerschaft ergeben.

Helene ist seit drei Jahrzehnten mit ihrem Mann zusammen. Das Paar hat zwei Kinder, die auch schon verheiratet sind. Helene führte ein erfülltes Leben als Großmutter, arbeitete ehrenamtlich für das Rote Kreuz, kümmerte sich um den Haushalt, die Mahlzeiten und das, was im Alltag anfiel. Voller Vorfreude wartete sie darauf, dass ihr Mann mit 60 die Möglichkeit haben würde, in Rente zu gehen.
Eines Tages verkündete der Ehemann ihr aus heiterem Himmel, dass er die Trennung wünschte, weil er eine andere Frau liebte: seine Sekretärin (20 Jahre jünger als er), mit der er zusammenleben wollte.
Für Helene brach eine Welt zusammen. Sie konnte sich nicht vorstellen, ohne ihren Mann zu leben, den sie liebte. Sie verstand nicht, wie so etwas hatte passieren können. Sie hatte sich so viel Mühe ge-

geben, »hübsch und gepflegt« für ihren Mann zu bleiben, wie sie sagte. Doch nun war es geschehen! Ihr Mann zog ihr eine andere vor.
Dank ihrer sehr guten Beziehung zu ihrem behandelnden Arzt verfiel Helene nicht in Depressionen. Sie verbrachte viele Monate in einem Zustand der Auflehnung und des Zorns, bevor es ihr langsam gelang, zu akzeptieren, was war, und zu sehen, was sie inmitten dieses Chaos unternehmen konnte.
Mithilfe eines Rechtsanwalts, der sie gut beriet, konnte sie einen Unterhalt durchsetzen, der ihr ein bequemes Leben ermöglichte. Sie geht jetzt noch mehr in ihrer ehrenamtlichen Tätigkeit und in ihrer Großmutterrolle auf.
Heute überkommen sie zwar hin und wieder Anflüge von Bitterkeit, doch sie ist in der Lage, sich davon zu distanzieren, zum Akzeptieren dessen, was ist, und zu innerem Frieden zurückzukehren und den gegenwärtigen Moment zu genießen.

Roberts Geschichte ist wieder anders.

Er und seine Frau, beide rüstige 70-Jährige, genossen ihren Ruhestand und verbrachten glückliche Tage. Robert merkte wohl, dass Josefine, seine Frau, häufig Namen von Orten und Personen vergaß und leichter in Zorn geriet als früher. Manchmal beschuldigte sie ihn, Gegenstände verlegt zu haben, die sie nicht mehr fand.

Eines schönen Ferientages am Meer hatten sie Postkarten gekauft, Robert hatte den Text geschrieben und Josefine anschließend gebeten, sie zu unterschreiben. »Unterschreib hier«, hatte er zu ihr gesagt. Und Josefine hatte auf jede Karte geschrieben: »Unterschreib hier!«

Endlich erkannte Robert, dass es doch schlimmer um seine Frau stand, als er sich bislang hatte eingestehen wollen, und dass jetzt eine Untersuchung erforderlich war, um eine Diagnose zu erhalten. In der psychogeriatrischen Sprechstunde einer Klinik wurde schließlich die Alzheimerkrankheit diagnostiziert.

Trotz einer Medikamentenbehandlung verschlimmerte sich Josefines Zustand. Robert vermochte diese Verschlechterung nicht zu akzeptieren, er versuchte mit allen Mitteln, Josefines Gedächtnis zu stärken, sagte ihr immer wieder Sätze vor, die sie behalten sollte, ermutigte und stimulierte sie.

Leider schienen seine innere Anspannung und seine Auflehnung gegen die Krankheit sich negativ auf Josefine auszuwirken.

Die Müdigkeit und die gestörten Nächte brachten Robert schließlich dazu, der Einweisung seiner Frau in eine entsprechende Einrichtung zuzustimmen. Er besuchte sie täglich und litt enorm darunter, mit ansehen zu müssen, wie die Krankheit immer weiter fortschritt. Er erinnerte sich daran, wie sie gewesen war, an ihre Intelligenz, ihre immense Kultiviertheit, ihre entgegenkommende Art. Er durchlebte einen Trauerprozess, den man *weiße Trauer* nennt. Obwohl seine Frau noch lebte, hatte er den ihm vertrauten Menschen an seiner Seite verloren: Die Beziehung, die sie über viele Jahre gehabt hatten, der Platz, den Josefine in ihrer Partnerschaft eingenommen hatte, die geistige Übereinstimmung zwischen ihnen beiden und vieles mehr galt es zu betrauern. Er hatte den Eindruck, dass Josefine sich von Woche zu Woche mehr von ihm und von der Welt der Lebenden entfernte.

Eines Tages jedoch erkannte Robert, dass er akzeptieren konnte, was war. Er hatte zwar die Frau verloren, die er wegen genau der Charakterzüge und Eigenschaften, die sie ausmachten, geliebt und geheiratet hatte. Aber nun konnte er eine andere, vielleicht weniger intensive Beziehung aufbauen zu der durch die Krankheit veränderten Josefine, die sie jetzt war.

Josefine lebt immer noch – inzwischen seit fünf Jahren – in einer spezialisierten Einrichtung für Demenzkranke. Robert besucht sie zweimal in der Woche. Sie erkennt ihn zwar nicht mehr, aber er

hat dennoch das Bedürfnis, diese Beziehung aufrechtzuerhalten.
Robert konnte sein Leben neu organisieren. Er hat eine Freundin, mit der er Ausflüge machen und zusammen essen kann. Er besucht regelmäßig einen Club für ältere Menschen, wo er gerne an den organisierten Aktivitäten teilnimmt. Er sieht seiner Realität ins Auge, akzeptiert das, was ist.

In den drei oben aufgeführten Beispielen hat der Weg zum Akzeptieren »dessen, was ist«, Robert, Marianne und Helene ermöglicht, weiterzuleben und dabei die größtmögliche Erfüllung zu finden, statt in Bitterkeit, Auflehnung, Depression oder Hoffnungslosigkeit zu verharren. Jeder von ihnen hat Mittel und Wege gefunden, sich für die Akzeptanz zu entscheiden statt für die Verzweiflung.
Sie sind zu denselben Schlussfolgerungen gelangt wie Millionen anderer Menschen auf der Welt:

- Man kann den anderen nicht ändern.
- Man kann das Leben eines anderen nicht leben.
- Man kann einen anderen (erwachsenen) Menschen nicht gegen seinen Willen beschützen.
- Wenn man akzeptiert hat, was ist, kann man klare Grenzen setzen, sich schützen und kreative Lösungen finden.

Der andere ist der andere und ich kann nur mich selbst ändern!

Haben wir es erst einmal geschafft, zu akzeptieren, dass der andere ein anderer Mensch ist und dass ich nur mich selbst ändern kann, ist das ein großer Schritt hin zum Wesentlichen und zur Gelassenheit. Das veranschaulicht auch die folgende Geschichte.

In einer abgelegenen Gegend herrschte seit mehreren Jahren große Trockenheit. Die Kinder und die Alten starben. Da beschloss das Stammesoberhaupt, den größten Medizinmann des ganzen Landes kommen zu lassen, damit er die Zauber ausführte, die den Regen bringen würden.

Dieser stimmte zu, sich in die abgelegene Region zu begeben. Bei seiner Ankunft verlangte er, man möge ihm eine kleine Hütte bauen und ihn anschließend darin allein lassen. Am Ende des zweiten Tages wurde das Stammesoberhaupt ungeduldig: »Was macht dieser Hexenmeister denn da in seiner Hütte? Will er sich über uns lustig machen?«

Am Morgen des dritten Tages trat der Medizinmann aus seiner Hütte heraus und kurz darauf türmten sich Wolken am Himmel auf. Schließlich regnete es, wie es seit Jahren nicht mehr geregnet hatte!
Das Stammesoberhaupt war neugierig geworden. Er nahm all seinen Mut zusammen und fragte den großen Medizinmann: »Wie hast du das gemacht? Wir haben keine Beschwörungsformeln gehört.«
»Stimmt, ich habe nicht die Götter oder die Kräfte der Natur angefleht. Ich habe lange meditiert und mein Inneres in Ordnung gebracht. Wenn in mir Ordnung herrscht, wenn ich mit mir selbst im Einklang bin, dann harmonisiert sich auch die Welt um mich herum. So ist der Regen gefallen, weil die Harmonie wiederhergestellt wurde.«

Diese Parabel ist interessant, weil sie uns daran erinnert, wie wichtig es ist, dass wir erst Harmonie in uns selbst herstellen, bevor wir uns über fehlende Harmonie bei anderen beschweren.

Präferenzen statt »suchthafte Erwartungen«

Wie wir gesehen haben, müssen wir, um mit anderen gut zusammenzuleben, unsere geistige Programmierung ändern und akzeptieren, was ist. Der amerikanische Philosoph Ken Keyes hat es meisterhaft erklärt: Für ihn bedeutet, andere zu akzeptieren und die Ereignisse des Lebens anzunehmen, dass wir von dem, was er als »suchthaftes Verlangen« bezeichnet, übergehen zu Präferenzen.

Angenommen, ich habe mich mit jemandem irgendwo verabredet, und die betreffende Person kommt eine Dreiviertelstunde zu spät. Ich kann mich furchtbar darüber ärgern, in Zorn geraten, weil ich *erwarte, fordere*, dass Personen, mit denen ich mich verabrede, pünktlich sind. Dass sie sich verspäten, ist für mich unerträglich, und wenn sie schließlich doch kommen, bin ich so angespannt und aufgewühlt, dass ich meinen Zorn sehr heftig äußere.
In Wirklichkeit habe ich selbst diese Anspannung, diese innere Reaktion erzeugt. Ich habe mich als unfähig erwiesen, die Realität – eine Verspätung von 45 Minuten – ruhig zu akzeptieren.
Wenn ich mich hingegen für die *Haltung der Präferenz* entscheide, steht zwar fest, dass ich *es vorgezogen hätte*, nicht 45 Minuten zu warten, aber ich kann mir vorstellen, dass irgendetwas mein Gegenüber aufgehalten hat und dass es mich nicht benachrichtigen konnte, also bleibe ich ruhig, zentriert und in der Lage, mögliche Optionen zu finden.

Ein anderes Beispiel:

Herr Paul hatte das Verlobungsessen seines Sohnes und seiner zukünftigen Schwiegertochter organisiert. Nun saßen die beiden Familien, insgesamt neun Personen, in einem bekannten Restaurant und hatten bestellt. Es war ein Samstag, ein schöner Herbsttag. Obwohl die Anwesenden noch ein wenig schüchtern waren, zeigten sich alle von ihrer besten Seite, knüpften Gespräche an und versuchten, sich kennenzulernen. Man war beim Aperitif und die Zeit verging.
Herr Paul war ungeduldig, er hatte bereits zweimal den ersten Gang verlangt. Nun ging er auf den Kellner zu und sein Ton wurde lauter: »Ich verlange, dass wir sofort bedient werden. Wenn in zehn Minuten unser Essen nicht auf dem Tisch steht, gehen wir.«
Zehn Minuten später sammelten die Gäste betreten und verärgert ihre Sachen ein, um Herrn Paul zu folgen, der beim Hinausgehen telefonierte, um eine andere Möglichkeit zu finden, wo das »Verlobungsessen« stattfinden könnte.
Die Eltern der jungen Frau waren sehr verstört wegen dieses Vorfalls, versuchten aber beide, ein gezwungenes Lächeln zu bewahren.

Diese Situation ist ein sehr klares Beispiel für alle negativen Auswirkungen, die suchthafte Erwartungen an andere nach sich ziehen können. Sie kreieren Entzweiung, Unbehagen und unnötiges Leid.

Herr Paul hätte es »vorziehen« können, schnell bedient zu werden. Es hätte genügt, wenn er den Wirt über seine Wünsche in Kenntnis gesetzt und mit ihm verhandelt hätte. Er hätte die Meinung der Gäste einholen können. All das hat er jedoch nicht getan, weil seinen Beziehungen zu anderen »suchthafte Erwartungen« zugrunde liegen und nicht »Präferenzen«. Deswegen lebt er häufig im Konflikt statt in Frieden und Gelassenheit, weil er das, was ist, nicht zu akzeptieren vermag.

Nicht die anderen, sondern ich selbst durchlebe eine bestimmte Situation gut oder schlecht. Ich – und nur ich – kann mich entscheiden:

Entweder ich verharre in suchthaftem Verlangen und leide, wenn ich nicht das erhalte, was ich will; oder aber ich lege anderen und ihrem Verhalten gegenüber eine Einstellung der Präferenz zugrunde und bewahre inneren Frieden und Gelassenheit, die auch auf meine Umgebung ausstrahlen, indem ich akzeptiere, was ist.

9

Was uns unterstützen kann

In vielen Traditionen wird das Bewusstsein dessen, »was ist«, als ein Feld beschrieben, das mit verschiedensten Samen bepflanzt werden kann. Die Lebensqualität hängt von der Auswahl der Samen ab.

Wenn die Saat des Akzeptierens im Feld des Bewusstseins aufgeht, begünstigt sie inneren Frieden und Gelassenheit.

Es ist jedoch wichtig, dass wir wirklich verstehen, was mit »Akzeptieren« gemeint ist:

Was Akzeptieren bedeutet und was es nicht bedeutet

- Akzeptieren, was ist, bedeutet nicht unbedingt »mögen, was ist« oder »es sich wünschen«.
- Akzeptieren, was ist, bedeutet nicht, angesichts der Ereignisse »passiv zu bleiben«. Wir können

eine Situation akzeptieren, weil sie Teil der momentanen Realität ist, und dabei gleichzeitig aktiv versuchen, sie zu verändern.
- Akzeptieren, was ist, bedeutet, dass wir uns nicht weiter den Kopf darüber zerbrechen, warum etwas passiert ist.
- Akzeptieren, was ist, heißt zu wissen: Wenn es nach uns ginge, hätten wir lieber eine andere Situation, aber dennoch verzichten wir darauf, in Zorn, Angst und unnötigen Widerstand gegenüber dem, was ist, zu verfallen.

Diese Veränderung unseres emotionalen Erlebens ermöglicht es uns, ein erfülltes Leben zu führen. Dass uns dies gelingt, ist keine Selbstverständlichkeit; es ist ein Weg des Wachstums, den wir Schritt für Schritt gehen. Dabei können uns zum Beispiel auch die folgenden Hilfsmittel unterstützen.

Achtsames Atmen

Allein bewusstes Atmen kann in manchen Situationen sehr hilfreich sein. Schon ein kurzes Innehalten und ein paar achtsame Atemzüge, bei denen Sie beim Einatmen einfach nur beobachten, wie die Luft in Ihren Körper einströmt, und beim Ausatmen, wie sie ihn wieder verlässt – ohne etwas daran zu verändern –, bringen Sie zurück in die Gegenwart, ins Hier und Jetzt. Sie lernen das, was ist, achtsamer wahrzunehmen.

Visualisierung

Mitten in einer schwierigen Situation kann das Visualisieren ein Hilfsmittel sein, um sich dem Ziel, *zu akzeptieren, was ist,* anzunähern.
Beim Visualisieren kreieren wir in entspanntem Zustand cin geistiges Bild, das einen erwünschten mentalen Zustand »herstellen« oder das Erreichen eines Ziels begünstigen soll.
Wenn uns ein Schicksalsschlag ereilt, haben wir unter Umständen den Eindruck, dass wir davon »erschlagen« oder gar verrückt werden; Schlaf ist nicht mehr möglich und die verschiedensten Gedanken wirbeln uns ohne Unterlass im Kopf herum und kommen einfach nicht zur Ruhe.
In solchen Momenten ist Visualisierung nützlich. Hier ein Beispiel für eine Visualisierungsübung.

ÜBUNG: VISUALISIERUNG

Setzen oder legen Sie sich bequem hin. Wenn es Ihnen angenehm und möglich ist, lassen Sie leise sanfte Musik spielen, zum Beispiel Meditationsmusik – oder was immer eine beruhigende, entspannende Wirkung auf Sie hat.

Schließen Sie die Augen und konzentrieren Sie sich ganz auf Ihren Atem, so wie im Abschnitt »Achtsames Atmen« (siehe S. 100) beschrieben. Nach zwei, drei Minuten, wenn Sie ein wenig zur Ruhe gekommen sind, stellen Sie sich eine Kugel aus sanftem Licht vor, die über Ihrem Kopf schwebt.

Ganz langsam senkt sich die Kugel mit Ihrer Zustimmung herab und tritt in Ihren Kopf ein, wo sie alle angstvollen, traurigen, zornigen Gedanken in wohltuendes Licht verwandelt. Nach einer Weile ist nur noch das Licht in Ihrem Kopf und ein Gefühl des Friedens kommt in Ihnen auf.

Nach und nach öffnet sich Ihr Brustkorb für dieses Licht, Ihr Herzschlag wird ruhiger. Dann, ganz langsam, empfängt jeder Teil Ihres Körpers dieses Licht, bis Sie ganz und gar davon durchdrungen sind, leuchtend, friedvoll, befreit von jeglicher Anspannung.

Machen Sie die Übung in Ihrem eigenen Rhythmus und nehmen Sie sich die Zeit, die Sie dafür brauchen. Wenn Sie das Gefühl haben, dass alle Anspannung in Ihnen zu Licht geworden ist, beenden Sie die Übung: Öffnen Sie die Augen, bewegen Sie zuerst sanft Finger und Zehen. Stehen Sie dann langsam auf und kehren zurück in den Alltag und zu Ihren normalen Aktivitäten – Sie sind nun besser in der Lage, dem, was ist und was noch kommt, zu begegnen.

Darüber sprechen, was in uns vorgeht, was wir fühlen

Über Schwierigkeiten und Probleme zu sprechen, sich jemandem anzuvertrauen, das tut gut – darüber sind sich alle einig. Doch gilt es, erst einmal den richtigen Gesprächspartner zu finden!
Um das, was ist, annehmen zu können, ist es oft nützlich, einen echten Freund oder Angehörigen zu finden, der gut zuhören kann, ohne dabei Ratschläge zu erteilen oder Kommentare abzugeben. So eine Person ist nicht immer leicht zu finden, deshalb kann es erforderlich sein, sich professionelle Hilfe zu suchen, zum Beispiel bei einem Lebensberater, einem Psychotherapeuten oder einem Seelsorger.

Aufschreiben, was wir fühlen

Manchen Menschen ist Schreiben lieber als Reden. Laut Studien aus dem Bereich der Humanwissenschaften kann das eine äußerst zufriedenstellende und befreiende Lösung sein. Es geht dabei darum, einen Brief an diejenigen zu schreiben, die man für die Urheber des Problems hält, und ihnen ganz unzensiert alles, was dazu in einem aufkommt, mitzuteilen. Anschließend, wenn man fertig ist, wird der Brief verbrannt.

Sie können auch an eine Person schreiben, die bereits verstorben ist. Sogar an Gott kann man schreiben, wenn man ihn für seine Situation verantwortlich macht.

Unsere Gefühle zeichnen oder malen

Unserem Zorn, unserer Traurigkeit und Angst eine Farbe, eine Form zu geben, kann mitunter bewirken, dass wir sie bewusster durchleben und leichter überwinden können. Sie brauchen dazu nichts weiter als Papier, Buntstifte oder Pinsel und Farben.

Diese bildlichen Darstellungen können Sie, wenn Sie das wollen, ebenfalls verbrennen. Die Asche können Sie einsammeln, irgendwo in der Natur vergraben und dann darüber Blumen aussäen bzw.

einpflanzen: Primeln, Stiefmütterchen, Dahlien oder Chrysanthemen, je nach Jahreszeit.
Auch die Asche verbrannter Briefe kann auf diese Weise »beerdigt« werden.
Diese Rituale, die aus der Sicht unseres rationalen Verstandes unter Umständen seltsam anmuten, können tatsächlich eine sehr große Hilfe für uns sein auf unserem Weg, das, was ist, zu akzeptieren.

Weitere Rituale

Wenn die Auflehnung zurückkehrt, der Zorn sich wieder bemerkbar macht und Sie erneut in Versuchung geraten, die Realität abzulehnen, können folgende Mittel helfen:

- Nehmen Sie ein Bad mit parfümierten Badesalzen und stellen Sie sich vor, dass jeglicher Widerstand gegen »das, was ist«, sich gerade im Badewasser auflöst.
- Kaufen Sie sich ein neues Parfüm, das Sie besonders mögen, und legen Sie es immer dann auf, wenn Sie spüren, wie Auflehnung und Widerstand gegen »das, was ist« wieder an Boden gewinnen. Mit dem angenehmen Duft auf der Haut kehren Sie wieder zur Ruhe und zur Akzeptanz dessen zurück, »was ist«.

- Zünden Sie Räucherstäbchen an und/oder verwenden Sie Duftöle.
- Hören Sie Musik, die Ihnen guttut.
- Stricken, häkeln oder kaufen Sie sich einen ganz weichen Wollschal, entweder weiß oder malvenfarben, in den Sie sich ausschließlich beim Meditieren oder Beten hüllen. So signalisieren Sie Ihrem gesamten »Sein« – Körper und Geist –, dass Sie nun in einen besonderen, wohltuenden Zustand eintreten.
- Vor allem: Meditieren und beten Sie regelmäßig, in Übereinstimmung mit Ihren persönlichen Glaubensüberzeugungen. Es folgt ein Beispiel für eine Meditationsübung.

ÜBUNG: WORTMEDITATION

Setzen Sie sich aufrecht hin und nehmen Sie Ihren Atem bewusst wahr, ohne ihn zu verändern. Wiederholen Sie im Geiste bei jedem Ein- und jedem Ausatmen ein Wort – ein Mantra – wie zum Beispiel »Frieden«. Wenn Ihnen das leichter fällt, können Sie das Wort auch aufsplitten: in »Frie…« beim Einatmen und »…den« beim Ausatmen. Oder auch: »Lass … los« oder »tiefe … Ruhe«. Wählen Sie einen möglichst einfachen Begriff, der etwas umschreibt, das Ihnen in

dieser Situation wohltut. Und wenn Ihre Gedanken abschweifen – was ganz normal ist und immer wieder passieren wird –, kehren Sie einfach wieder freundlich zu Ihrem Atem und Ihrem Mantra zurück.
Nach zehn bis fünfzehn Minuten hat sich der innere Aufruhr meist gelegt und Sie können Ihren Weg hin zum Akzeptieren »dessen, was ist«, wieder fortsetzen.

Zum Schluss

Akzeptieren, was ist, das heißt, Klarblick zu beweisen, heißt »erwachen«, bewusst werden und die Wirklichkeit so betrachten, wie sie ist. Es bedeutet, dass wir uns von falschen Glaubenssätzen, geistigen Programmierungen und Scheuklappen befreien.

Akzeptieren, was ist, das heißt, wir versuchen zu erkennen, wie wir uns den Dingen stellen können. Wir suchen – und finden – Mittel und Wege, um die Situation zu verbessern und, wann immer es möglich ist, etwas Positives daraus zu machen.

Akzeptieren, was ist, heißt aufhören, nach dem Warum zu fragen – warum ich? –, und stattdessen zu versuchen, das »Wofür« zu finden und zu fragen: Was kann ich daraus machen?

Akzeptieren, was ist, das heißt, dass uns bisweilen nichts anderes übrig bleibt, als zu betrauern, was war, was hätte sein können oder sollen, um die Realität des gegenwärtigen Augenblicks so vollständig wie möglich zu leben und zu versuchen, ihr einen Sinn zu verleihen.

Akzeptieren, was ist, das heißt, wir entscheiden uns dafür, auf Auflehnung, Schuldgefühle, Groll, Hass und Gleichgültigkeit zu verzichten. Mit anderen Worten: Es heißt, aufrecht zu leben mit all unserer Würde als Mensch.

Damit sind wir am Ende dieses kleinen Buches angelangt. Bleibt nur noch zu hoffen, dass wir all jenen einige Wege und Ideen zeigen konnten, die ihr Schicksal als freie, verantwortungsvolle Menschen voll und ganz leben wollen, indem sie in sich die Fähigkeit entwickeln, *das, was ist, zu akzeptieren* – eine unerlässliche Voraussetzung für persönliches Wachstum, für jede Suche nach Lösungen und für inneren Frieden.

Buchempfehlungen

Dalhaus, Anne: *Annehmen, was ist. Über die Wirkung des Wortes JA!* tao.de in J. Kamphausen: Bielefeld 2014.

Gaboury, Placide: *La fidélité à soi*. Québecor: Montreal/Kanada 1999.

Kabat-Zinn, Jon: *Im Alltag Ruhe finden. Meditationen für ein gelassenes Leben*. Knaur/Mens Sana TB: München 2010.

Keyes, Ken: *Handbuch zum höheren Bewusstsein*. Goldmann: München 1995.

McGowen, Roger/Pradervand, Pierre: *Messages of Life from Death Row*. Samir: Riad 2009.

Mello, Anthony de: *Der springende Punkt. Wach werden und glücklich sein*. Herder: Freiburg 2011.

Paz Mariño, Maria: *Libres enfin*. Bellarmin: Paris 1997.

Poletti, Rosetti/Dobbs, Barbara: *Loslassen. Der Weg zu einem befreiten Leben*. Scorpio: München 2014.

Reiland, Christian: *Lass los und finde das Glück in dir* (mit CD). Arkana: München 2010.

Tepperwein, Kurt: *Loslassen, was nicht glücklich macht*. mvg: München [19]2005.

Lebenshilfe auf den Punkt gebracht

Achtsamkeit hilft uns, mit den Herausforderungen des Lebens geschickter umzugehen – und dabei die kleinen Freuden des gegenwärtigen Augenblicks aus vollem Herzen zu genießen. Die kompakten Pocketguides bieten einen unkomplizierten Einstieg: Eine Fülle an Übungen und Impulsen zeigt, wie sich Achtsamkeit konkret im Alltag umsetzen lässt.

ISBN 978-3-95803-009-1

ISBN 978-3-943416-94-7

ISBN 978-3-95803-006-0

ISBN 978-3-95803-008-4

Weitere erfolgreiche Titel aus der Reihe »Achtsam leben«

»Das größte aller Wunder ist es,
lebendig zu sein. Achtsamkeit ermöglicht uns,
dieses Wunder zu berühren.«

Thich Nhat Hanh

Mehr über unsere Bücher unter www.scorpio-verlag.de

ISBN 978-3-943416-93-0

ISBN 978-3-943416-92-3

ISBN 978-3-95803-032-9

ISBN 978-3-95803-031-2